税率・控除額・適用期間等 ～がひと目でわかる!!

# 税制改正経過一覧ハンドブック

野川悟志　互井敏勝　手嶋浩明　山宅孝道　山端美徳　[共著]

一般財団法人 **大蔵財務協会**

# は　し　が　き

　本書は毎年行われる税制改正について、実務上必要性の高い税率や控除額等の変遷がひと目で分かるように改正経過を取りまとめ、コンパクトなハンドブックとして平成27年8月に発刊しました。

　発刊後の主な改正内容をみると、

　平成28年度は、無申告等を繰り返した場合の加算税の加重措置の導入、セルフメディケーション税制の創設、法人税率の引き下げ、消費税軽減税率制度の創設

　平成29年度は、配偶者控除・配偶者特別控除の見直し、事業承継税制の見直し、所得拡大促進税制の見直し

　平成30年度は、給与所得控除・公的年金等控除から基礎控除への振替、事業承継税制の特例措置の創設、輸出物品販売場制度の見直し

　令和元年度（平成31年度）は、住宅借入金等特別控除の拡充、個人事業者の事業承継税制の創設

　令和2年度は、ひとり親控除の創設、寡婦控除の見直し

　令和3年度は、住宅借入金等特別控除の見直し、住宅取得等資金の贈与を受けた場合の贈与税の非課税措置の見直し、雇用者給与等の支給額が増加した場合の法人税の特別控除の見直し

　令和4年度は、帳簿の提出がない場合等の過少申告加算税等の加重措置の整備、住宅借入金等特別控除の見直し、住宅取得等資金の贈与を受けた場合の贈与税の非課税措置の見直し、雇用者給与等の支給額が増加した場合の法人税の特別控除の見直し

　令和5年度は、高額無申告等に対する加算税の加重措置の見直し、NISAの抜本的拡充・恒久化、暦年贈与の生前加算期間の見直し、研究開発税制の見直し、適格請求書等保存方式に係る見直しが行われました。

　そして、令和6年度の改正では、隠ぺい等の事実に基づき更正請求書を提出していた場合の重加算税制度の整備、子育て世帯等に対する住宅借入

金等特別控除の拡充、住宅取得等資金の贈与を受けた場合の贈与税の非課税措置の見直し、賃上げ促進税制の見直し、外国人旅行者向け消費税免税制度に係る仕入税額控除制度の見直しなどの措置が講じられたことから、本書ではこれらの改正内容を考慮して取りまとめることとしました。

　なお、利便性を追求する観点から税率等の改正経過を図表にして見やすくしている関係上、掲載内容に不十分な点があるかもしれません。この書を手にされた読者の皆様からのご指摘等を踏まえ、内容を充実させていきたいと考えています。

　本書が税理士や経理担当者など税務に携わる多くの方にとって、税制改正の経過が一覧できるハンドブックとして、幅広くご活用いただけると幸いです。

　最後になりましたが、本書刊行の機会を与えていただきました一般財団法人大蔵財務協会の木村幸俊理事長をはじめ出版編集部の皆様には、終始ご協力とご支援をいただきました。深甚感謝申し上げます。


　　令和6年5月

　　　　　　　　　　　　　　　　　　　　　　　　　　執筆者一同

# 目　次

## 相続税・贈与税関係

**（共通）**

**（相続税関係）**

**（贈与税関係）**

## 法人税関係

## 消費税関係

## 印紙税関係

| 通法 | 国税通則法 |
|---|---|
| 国外送金等調書法 | 内国税の適正な課税の確保を図るための国外送金等に係る調書の提出等に関する法律 |
| 所法 | 所得税法 |
| 所令 | 所得税法施行令 |
| 所基通 | 所得税基本通達 |
| 相法 | 相続税法 |
| 法法 | 法人税法 |
| 法令 | 法人税法施行令 |
| 地法法 | 地方法人税法 |
| 消法 | 消費税法 |
| 消令 | 消費税法施行令 |
| 消規 | 消費税法施行規則 |
| 印法 | 印紙税法 |
| 措法 | 租税特別措置法 |
| 措令 | 租税特別措置法施行令 |
| 措規 | 租税特別措置法施行規則 |
| 措通 | 租税特別措置法関係通達 |
| 地法 | 地方税法 |
| 暫定措法 | 地方法人特別税等に関する暫定措置法 |
| 電子帳簿保存法 | 電子計算機を使用して作成する国税関係帳簿書類の保存方法等の特例に関する法律 |
| 旧復興財源確保法 | 平成26年改正法による改正前の東日本大震災からの復興のための施策を実施するために必要な財源の確保に関する特別措置法 |
| 旧復興特別法人税令 | 復興特別法人税に関する政令の一部を改正する政令（平成26年政令第151号）による改正前の復興特別法人税に関する政令 |
| 平20改正法附則 | 所得税法等の一部を改正する法律（平成20年4月30日法律第23号）附則 |
| 平30改正法附則 | 所得税法等の一部を改正する法律（平成30年3月31日法律第7号）附則 |
| 新型コロナ税特法 | 新型コロナウイルス感染症等の影響に対応するための国税関係法律の臨時特例に関する法律 |

# 1 更正の期間制限

　更正又は決定は、その更正又は決定に係る国税の法定申告期限又は還付請求申告書に係る更正については当該申告書を提出した日から5年を経過した日以後においては、することができない（通法70①一）。

　なお、法人税に係る純損失等の金額の更正については10年を経過する日まで（通法70②）、移転価格税制に係る更正・決定等については7年を経過する日まで（措法66の4㉖～㉘）、贈与税に係る更正・決定等については6年を経過する日まで（相法36①）、することができる。

　また、偽りその他不正の行為によりその全部若しくは一部の税額を免れ、又はその全部若しくは一部の税額の還付を受けた国税については7年を経過する日まで、することができる（通法70⑤一）。

所得税関係

| 対象税目 | | 区　分 | ～平成22年分 | 平成23年分～ |
|---|---|---|---|---|
| 申告所得税 | | 増額更正 | 3年 | 5年 |
| | | 減額更正 | 5年 | |
| | | 更正の請求 | 1年 | |
| | 純損失等の金額に係る更正 | 増額更正 | 5年 | |
| | | 減額更正 | | |
| | | 更正の請求 | 1年 | |

相続税関係

| 対象税目 | 区　分 | ～平成23年12月1日(注1) | 平成23年12月2日～(注2) |
|---|---|---|---|
| 相続税 | 増額更正 | 3年 | 5年 |
| | 減額更正 | 5年 | |
| | 更正の請求 | 1年 | |

（注1）平成23年12月1日以前に法定申告期限が到来するもの
（注2）平成23年12月2日以後に法定申告期限が到来するもの

贈与税関係

| 対象税目 | 区 分 | ～平成22年分 | 平成23年分～ |
|---|---|---|---|
| 贈与税 | 増額更正 | 6年 | 6年 |
| | 減額更正 | | |
| | 更正の請求 | 1年 | |

法人税関係

| 対象税目 | 区 分 | ～平成23年<br>12月1日<sup>(注1)</sup> | 平成23年<br>12月2日～<sup>(注2)</sup> | 平成29年<br>4月1日～<sup>(注3)</sup> | 令和2年<br>4月1日～<sup>(注4)</sup> |
|---|---|---|---|---|---|
| 法人税 | 増額更正 | 5年 | 5年 | | |
| | 減額更正 | | | | |
| | 更正の請求 | 1年 | | | |
| 純損失等<br>の金額に<br>係る更正 | 増額更正 | 7年 | 9年<sup>(注5)</sup> | 10年<sup>(注6)</sup> | |
| | 減額更正 | | | | |
| | 更正の請求 | 1年 | | | |
| 移転価格<br>税制に係<br>る更正 | 増額更正 | 6年 | 6年 | | 7年 |
| | 減額更正 | | | | |
| | 更正の請求 | 1年 | | | |

（注1）平成23年12月1日以前に法定申告期限が到来するもの
（注2）平成23年12月2日以後に法定申告期限が到来するもの
（注3）平成29年4月1日以後に開始する事業年度から
（注4）令和2年4月1日以後に開始する事業年度から
（注5）平成20年4月1日以後に終了した事業年度から
（注6）平成30年4月1日以後に開始する事業年度から

消費税関係

| 対象税目 | 区 分 | ～平成23年12月1日<sup>(注1)</sup> | 平成23年12月2日～<sup>(注2)</sup> |
|---|---|---|---|
| 消費税及び<br>地方消費税 | 増額更正 | 3年 | 5年 |
| | 減額更正 | 5年 | |
| | 更正の請求 | 1年 | |

（注1）平成23年12月1日以前に法定申告期限が到来するもの
（注2）平成23年12月2日以後に法定申告期限が到来するもの

酒税関係

| 対象税目 | 区　分 | 〜平成23年12月1日[注1] | 平成23年12月2日[注2] |
|---|---|---|---|
| 酒税 | 増額更正 | 3年 | 5年 |
| | 減額更正 | 5年 | |
| | 更正の請求 | 1年 | |

（注1）平成23年12月1日以前に法定申告期限が到来するもの
（注2）平成23年12月2日以後に法定申告期限が到来するもの

間接諸税関係

| 対象税目 | 区　分 | 〜平成23年12月1日[注1] | 平成23年12月2日〜[注2] |
|---|---|---|---|
| 印紙税（書式表示、一括納付）、揮発油税及び地方揮発油税、石油石炭税、石油ガス税、たばこ税及びたばこ特別税、電源開発促進税、航空機燃料税 | 増額更正 | 3年 | 5年 |
| | 減額更正 | 5年 | |
| | 更正の請求 | 1年 | |

（注1）平成23年12月1日以前に法定申告期限が到来するもの
（注2）平成23年12月2日以後に法定申告期限が到来するもの

# 2 加算税の割合

　期限内申告書が提出された場合において、修正申告書の提出又は更正があったときは、納税者に対し、その修正申告又は更正に基づき納付すべき税額に100分の10の割合を乗じて計算した金額に相当する過少申告加算税を課する（通法65）。

　なお、加算税は、上記の過少申告加算税のほか、無申告加算税（通法66）、重加算税（通法68）と源泉徴収による国税を対象とした不納付加算税（通法67）がある。

　また、財産債務調書、国外財産調書に関する加算税の加重措置は所得税関係項目26（財産債務調書）、27（国外財産調書）を参照のこと。

| 種類 | 区分 | | | 平成19年1月1日~(注1) | 平成29年1月1日~(注1) | 令和6年1月1日~(注1) |
|---|---|---|---|---|---|---|
| 過少申告加算税 | | | | | 10% | 10% |
| | 更正の予知なし | 調査通知前 | | — | — | — |
| | | 調査通知後 | | — | 5% | 5% |
| | | | 50万円超(注2) | — | — | 10% |
| | 加重 | 高額な増差税額(注2) | 50万円超 | 15% | 15% | 15% |
| | | 帳簿不提示等(注3) | 不提示又は記載が著しく不十分 | — | — | 20% |
| | | | 記載が不十分 | — | — | 15% |
| 無申告加算税(注5) | | | | | 15% | 15% |
| | 更正等の予知なし | 調査通知前 | | 5% | 5% | 5% |
| | | 調査通知後 | | 5% | 10% | 10% |
| | | | 50万円超(注5) | | | 15% |
| | 加重 | 高額な増差税額(注2) | 50万円超300万円以下 | | 20% | 20% |
| | | | 300万円超 | — | — | 30% |
| | | 帳簿不提示等(注3) | 不提示又は記載が著しく不十分 | — | — | 25% |
| | | | 記載が不十分 | — | — | 20% |
| | | 短期間繰り返し(注4) | 過去5年以内 | — | 25% | 25% |
| | | | 前年及び前々年 | — | — | 25% |
| 不納付加算税(注5) | | | | | 10% | 10% |
| | 納税の告知の予知なし | | | | 5% | 5% |
| 重加算税(注6) | 過少申告加算税が課される場合 | | | 35% | 35% | 35% |
| | | 加重(注4) | 過去5年以内 | — | 45% | 45% |
| | 無申告加算税が課される場合 | | | 40% | 40% | 40% |
| | | 加重(注4) | 過去5年以内 | — | 50% | 50% |
| | | | 前年及び前々年 | — | — | 50% |
| | 不納付加算税が課される場合 | | | 35% | 35% | 35% |
| | | 加重(注4) | 過去5年以内 | — | 45% | 45% |

（注1）その日以後に法定申告期限又は法定納期限が到来するもの
（注2）増差税額（納付すべき税額）が期限内申告税額又は50万円若しくは300万円を超える場合の超える部分の金額に対する割合。
（注3）帳簿の提示等がない場合又は帳簿の記載が著しく不十分（収入の2分の1以上が不記載）若しくは不十分（収入の3分の1以上2分の1未満が不記載）の場合の割合。
（注4）過去5年以内に無申告加算税等が課されている場合の割合又は前年及び前々年に無申告加算税等が課されたことがある場合若しくは課すべきと認める場合の割合。なお、いずれか一方が加重される。
（注5）法定申告（納）期限内に申告（納付）する意思があったと認められる場合は不適用。
（注6）令和7年1月1日以後に法定申告期限が到来するものについて、重加算税の適用対象に隠ぺい又は仮装された事実に基づき更正請求書を提出していた場合が含まれる。
（注7）上記のほか令和4年1月1日以降に法定申告期限が到来するものについて、優良な電子帳簿に記載された事項に関する申告漏れがあった場合には過少申告加算税が5%軽減される（電子帳簿保存法8④）。また、電磁的記録に記載された事項に関し重加算税が課される場合には重加算税が10%加重される（電子帳簿保存法8⑤）。

# 3 延滞税の割合

　納税者は、期限内申告書を提出した場合において、当該申告書の提出により納付すべき国税を法定申告期限までに完納しないときや、期限後申告書若しくは修正申告書を提出し、又は更正若しくは決定を受けた場合において納付すべき税額があるときは、延滞税を納付しなければならない（通法60）。

　なお、延滞税の割合については、平成26年1月1日以後の期間（年7.3％部分は平成12年1月1日以後）は、特例基準割合による特例の適用がある（措法94）。

| 期　　　　間 | 延　滞　税　の　割　合 | | 参考 |
| --- | --- | --- | --- |
| | 年14.6％部分 | 年7.3％部分(注) | 利子税・還付加算金の割合 |
| 平成11年12月31日以前 | | 7.3％ | 7.3％ |
| 平成12年1月1日～平成13年12月31日 | | 4.5％ | 4.5％ |
| 平成14年1月1日～平成18年12月31日 | | 4.1％ | 4.1％ |
| 平成19年1月1日～平成19年12月31日 | 14.6％ | 4.4％ | 4.4％ |
| 平成20年1月1日～平成20年12月31日 | | 4.7％ | 4.7％ |
| 平成21年1月1日～平成21年12月31日 | | 4.5％ | 4.5％ |
| 平成22年1月1日～平成25年12月31日 | | 4.3％ | 4.3％ |
| 平成26年1月1日～平成26年12月31日 | 9.2％ | 2.9％ | 1.9％ |
| 平成27年1月1日～平成28年12月31日 | 9.1％ | 2.8％ | 1.8％ |
| 平成29年1月1日～平成29年12月31日 | 9.0％ | 2.7％ | 1.7％ |
| 平成30年1月1日～令和2年12月31日 | 8.9％ | 2.6％ | 1.6％ |
| 令和3年1月1日～令和3年12月31日 | 8.8％ | 2.5％ | 1.0％ |
| 令和4年1月1日～令和6年12月31日 | 8.7％ | 2.4％ | 0.9％ |

（注）納期限までの期間及びその翌日から起算して2月を経過する日までの期間

# 4 不服申立期間

　再調査の請求又は審査請求は、処分があったことを知った日（処分に係る通知を受けた場合には、その受けた日）の翌日から起算して３か月以内にしなければならない（通法77①）。

　また、再調査の請求に係る決定後にする審査請求は、再調査決定書の謄本の送達があった日の翌日から起算して１か月以内にしなければならない（通法77②）。

平成28年３月31日以前に行われる処分

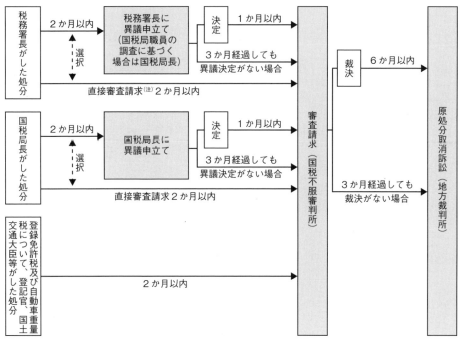

（注）青色申告書に係る更正等の場合

13

## 平成28年４月１日以後に行われる処分

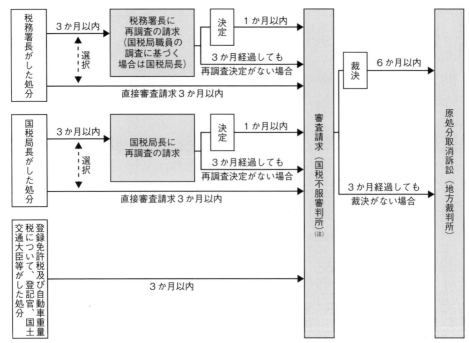

（注）審理関係人の証拠物件の閲覧・謄写、処分庁に対する質問等が可能

14

# 1 所得税の税額（速算表）

　所得税の税率は、分離課税に対するものなどを除くと、5％から45％の7段階（平成26年分以前は5％から40％の6段階）に区分されている。

　課税総所得金額及び課税退職所得金額（1,000円未満の端数金額を切り捨てた後の金額）に対する所得税の金額は、次の表により計算する（所法89、通法118）。

| ～平成26年分 | | | 平成27年分～ | | |
|---|---|---|---|---|---|
| 課税される所得金額 | 税率 | 控除額 | 課税される所得金額 | 税率 | 控除額 |
| 1,950,000円以下 | 5％ | 0円 | 1,950,000円以下 | 5％ | 0円 |
| 1,950,000円超 3,300,000円以下 | 10％ | 97,500円 | 1,950,000円超 3,300,000円以下 | 10％ | 97,500円 |
| 3,300,000円超 6,950,000円以下 | 20％ | 427,500円 | 3,300,000円超 6,950,000円以下 | 20％ | 427,500円 |
| 6,950,000円超 9,000,000円以下 | 23％ | 636,000円 | 6,950,000円超 9,000,000円以下 | 23％ | 636,000円 |
| 9,000,000円超 18,000,000円以下 | 33％ | 1,536,000円 | 9,000,000円超 18,000,000円以下 | 33％ | 1,536,000円 |
| 18,000,000円超 | 40％ | 2,796,000円 | 18,000,000円超 40,000,000円以下 | 40％ | 2,796,000円 |
| | | | 40,000,000円超 | 45％ | 4,796,000円 |

（注）平成25年から令和19年までの各年分の所得税額に対して2.1％の復興特別所得税が課される。

# 2 給与所得控除

　給与所得の金額は、給与等の収入金額から給与所得控除額を差し引いて算出するが、この給与所得控除額は、給与等の収入金額に応じて、次の表により計算する。

　ただし、給与等の収入金額が660万円未満の場合には、次の表にかかわらず、所得税法別表第五により給与所得の金額を計算する（所法28、同別表第五）。

　なお、同一年中の給与所得の源泉徴収票が2枚以上ある場合には、それらの合計額により次の表を適用する。

| ～平成24年分 | | 平成25年分～平成27年分 | |
|---|---|---|---|
| 給与等の収入金額 | 給与所得控除額 | 給与等の収入金額 | 給与所得控除額 |
| 1,800,000円以下 | 収入金額×40%<br>650,000円に満たない<br>場合には650,000円 | 1,800,000円以下 | 収入金額×40%<br>650,000円に満たない<br>場合には650,000円 |
| 1,800,000円超<br>3,600,000円以下 | 収入金額×30%<br>＋180,000円 | 1,800,000円超<br>3,600,000円以下 | 収入金額×30%<br>＋180,000円 |
| 3,600,000円超<br>6,600,000円以下 | 収入金額×20%<br>＋540,000円 | 3,600,000円超<br>6,600,000円以下 | 収入金額×20%<br>＋540,000円 |
| 6,600,000円超<br>10,000,000円以下 | 収入金額×10%<br>＋1,200,000円 | 6,600,000円超<br>10,000,000円以下 | 収入金額×10%<br>＋1,200,000円 |
| 10,000,000円超 | 収入金額×5%<br>＋1,700,000円 | 10,000,000円超<br>15,000,000円以下 | 収入金額×5%<br>＋1,700,000円 |
| | | 15,000,000円超 | 2,450,000円（上限） |

| 平成28年分 | | 平成29年分〜令和元年分 | |
|---|---|---|---|
| 給与等の収入金額 | 給与所得控除額 | 給与等の収入金額 | 給与所得控除額 |
| 1,800,000円以下 | 収入金額×40%<br>650,000円に満たない<br>場合には650,000円 | 1,800,000円以下 | 収入金額×40%<br>650,000円に満たない<br>場合には650,000円 |
| 1,800,000円超<br>3,600,000円以下 | 収入金額×30%<br>＋180,000円 | 1,800,000円超<br>3,600,000円以下 | 収入金額×30%<br>＋180,000円 |
| 3,600,000円超<br>6,600,000円以下 | 収入金額×20%<br>＋540,000円 | 3,600,000円超<br>6,600,000円以下 | 収入金額×20%<br>＋540,000円 |
| 6,600,000円超<br>10,000,000円以下 | 収入金額×10%<br>＋1,200,000円 | 6,600,000円超<br>10,000,000円以下 | 収入金額×10%<br>＋1,200,000円 |
| 10,000,000円超<br>12,000,000円以下 | 収入金額×5%<br>＋1,700,000円 | 10,000,000円超 | 2,200,000円（上限） |
| 12,000,000円超 | 2,300,000円（上限） | | |

| 令和2年分〜 | |
|---|---|
| 給与等の収入金額 | 給与所得控除額 |
| 1,625,000円以下 | 550,000円 |
| 1,625,000円超<br>1,800,000円以下 | 収入金額×40%<br>－100,000円 |
| 1,800,000円超<br>3,600,000円以下 | 収入金額×30%<br>＋80,000円 |
| 3,600,000円超<br>6,600,000円以下 | 収入金額×20%<br>＋440,000円 |
| 6,600,000円超<br>8,500,000円以下 | 収入金額×10%<br>＋1,100,000円 |
| 8,500,000円超 | 1,950,000円 |

※　所得金額調整控除
1　子ども・特別障害者等を有する場合
　　給与等の収入金額が850万円を超える居住者で、①特別障害者に該当するもの②年齢23歳未満の扶養親族を有するもの③特別障害者である同一生計配偶者又は扶養親族を有するものの総所得金額を計算する場合には、給与等の収入金額（その給与等の収入金額が1,000万円を超える場合には、1,000万円）から850万円を控除した金額の100分の10相当額を、給与所得の金額から控除（所得金額調整控除）する。
　　なお、所得金額調整控除は年末調整において適用できる（措法41の3の3）。
2　給与所得と年金所得の双方を有する場合
　　給与所得控除後の給与等の金額及び公的年金等に係る雑所得の金額がある居住者で、給与所得控除後の給与等の金額及び公的年金等に係る雑所得の金額の合計額が10万円を超えるものの総所得金額を計算する場合には、給与所得控除後の給与等の金額（10万円を限度）及び公的年金等に係る雑所得の金額（10万円を限度）の合計額から10万円を控除した残額を、給与所得の金額から控除する（措法41の3の3）。

# 3 給与所得者の特定支出控除

特定支出（通勤費、転居費、研修費、資格取得費、帰宅旅費、勤務必要経費）の合計額が給与所得控除額を基準とした一定の金額を超える場合には、確定申告によりその超える部分の金額を給与所得控除後の金額から控除することができる（所法57の２）。

| ～平成24年分 | | 平成25年分～平成27年分 | |
|---|---|---|---|
| 給与等の収入金額 | 特定支出控除額 | 給与等の収入金額 | 特定支出控除額 |
| 一律 | 特定支出額－給与所得控除額 | 1,500万円以下 | 特定支出額－給与所得控除額×1/2 |
| | | 1,500万円超 | 特定支出額－1,250,000円 |
| 特定支出の範囲 | ① 通勤費 | 特定支出の範囲 | ① 通勤費 |
| | ② 転居費 | | ② 転居費 |
| | ③ 研修費 | | ③ 研修費 |
| | ④ 資格取得費（税理士等の資格を除く） | | ④ 資格取得費（税理士等の資格を含む） |
| | ⑤ 帰宅旅費(注1) | | ⑤ 帰宅旅費(注1) |
| | ― | | ⑥ 勤務必要経費（65万円を限度）(注2) |

| 平成28年分～令和元年分 | | 令和２年分～ | |
|---|---|---|---|
| 給与等の収入金額 | 特定支出控除額 | 給与等の収入金額 | 特定支出控除額 |
| 一律 | 特定支出額－給与所得控除額×1/2 | 一律 | 特定支出額－給与所得控除額×1/2 |
| 特定支出の範囲 | ① 通勤費 | 特定支出の範囲 | ① 通勤費 |
| | ② 転居費 | | ② 職務上の旅費 |
| | ③ 研修費 | | ③ 転居費 |
| | ④ 資格取得費（税理士等の資格を含む） | | ④ 研修費 |
| | ⑤ 帰宅旅費(注1) | | ⑤ 資格取得費（税理士等の資格を含む） |
| | ⑥ 勤務必要経費（65万円を限度）(注2) | | ⑥ 帰宅旅費(注1) |
| | ― | | ⑦ 勤務必要経費（65万円を限度）(注2) |

（注1）帰宅旅費（令和２年分以後）
　1　1月に4往復を超えた旅行に係る帰宅旅費を対象外とする制限が撤廃
　2　帰宅に通常要する旅行のための自動車その他の交通用具の使用に係る燃料費及び有料道路の料金が追加
（注2）勤務必要経費
　1　書籍、新聞、雑誌その他の定期刊行物等の図書で職務に関連するものを購入するための支出
　2　制服、事務服、作業服等の衣服で勤務場所において着用することが必要とされるものを購入するための支出
　3　交際費、接待費等で、給与等の支払者の得意先、仕入先その他職務上関係のある者に対する接待等のための支出

# 4 退職所得の金額

　退職所得とは、退職手当、一時恩給その他の退職により一時に受ける給与及びこれらの性質を有する給与に係る所得をいい、社会保険制度などにより退職に基因して支給される一時金、適格退職年金契約に基づいて生命保険会社又は信託会社から受ける退職一時金なども退職所得とみなされる（所法30、31）。

　退職所得の金額は、原則として、（退職所得の収入金額－退職所得控除額）×1/2により計算するが、勤続年数5年以下の法人役員等の退職金（平成25年分以後）及び勤続年数5年以下の法人役員等以外の退職金（令和4年分以後）については、次の表のとおり計算する（所法30）。

| 区分 | ～平成24年分 | 平成25年分～令和3年分 | 令和4年分～ |
|---|---|---|---|
| 特定役員退職手当等（勤続年数5年以下の法人役員等の退職金） | | 収入金額－退職所得控除額 | |
| 短期退職手当等（勤続年数5年以下の法人役員等以外の退職金） | （収入金額－退職所得控除額）×1/2 | | （収入金額－退職所得控除額）×1/2（退職所得控除額を控除した残額のうち300万円超の部分は1/2計算の適用なし） |
| 上記以外 | | | |

※　退職所得控除額

| 勤続年数 | 退職所得控除額 |
|---|---|
| 20年以下 | 40万円×勤続年数（最低額80万円） |
| 20年超 | 800万円＋70万円×（勤続年数－20年） |

（注）勤続年数の1年未満の端数は1年に切り上げる。

# 5 公的年金等控除

　公的年金等の雑所得の金額は、公的年金等の収入金額から公的年金等控除額を差し引いて計算するが、この公的年金等控除額は、年齢及び公的年金等の収入金額に応じて、次の表により計算する（所法35、措法41の15の3）。

| ～令和元年分 | | |
|---|---|---|
| 年齢 | 公的年金等の収入金額の合計額（A） | 公的年金等控除額 |
| 65歳未満 | 1,300,000円以下 | 700,000円 |
| | 1,300,000円超4,100,000円以下 | （A）×25％＋375,000円 |
| | 4,100,000円超7,700,000円以下 | （A）×15％＋785,000円 |
| | 7,700,000円超 | （A）×5％＋1,555,000円 |
| 65歳以上 | 3,300,000円以下 | 1,200,000円 |
| | 3,300,000円超4,100,000円以下 | （A）×25％＋375,000円 |
| | 4,100,000円超7,700,000円以下 | （A）×15％＋785,000円 |
| | 7,700,000円超 | （A）×5％＋1,555,000円 |

| 令和2年分～ | | | | |
|---|---|---|---|---|
| 年齢 | 公的年金等の収入金額の合計額（A） | 公的年金等控除額 | | |
| | | 公的年金等に係る雑所得以外の所得に係る合計所得金額 | | |
| | | 1,000万円以下 | 1,000万円超 2,000万円以下 | 2,000万円超 |
| 65歳未満 | 130万円以下 | 60万円 | 50万円 | 40万円 |
| | 130万円超 410万円以下 | （A）×25％ ＋275,000円 | （A）×25％ ＋175,000円 | （A）×25％ ＋75,000円 |
| | 410万円超 770万円以下 | （A）×15％ ＋685,000円 | （A）×15％ ＋585,000円 | （A）×15％ ＋485,000円 |
| | 770万円超 1,000万円以下 | （A）×5％ ＋1,455,000円 | （A）×5％ ＋1,355,000円 | （A）×5％ ＋1,255,000円 |
| | 1,000万円超 | 1,955,000円 | 1,855,000円 | 1,755,000円 |
| 65歳以上 | 330万円以下 | 110万円 | 100万円 | 90万円 |
| | 330万円超 410万円以下 | （A）×25％ ＋275,000円 | （A）×25％ ＋175,000円 | （A）×25％ ＋75,000円 |
| | 410万円超 770万円以下 | （A）×15％ ＋685,000円 | （A）×15％ ＋585,000円 | （A）×15％ ＋485,000円 |
| | 770万円超 1,000万円以下 | （A）×5％ ＋1,455,000円 | （A）×5％ ＋1,355,000円 | （A）×5％ ＋1,255,000円 |
| | 1,000万円超 | 1,955,000円 | 1,855,000円 | 1,755,000円 |

# 6 医療費控除・セルフメディケーション税制

(1) 医療費控除

　居住者がその年の1月1日から12月31日までの間に自己又は自己と生計を一にする配偶者やその他の親族のために医療費を支払った場合には、一定の金額の所得控除を受けることができる（所法73）。

(2) セルフメディケーション税制

　健康の保持増進及び疾病の予防への取組として一定の取組を行っている居住者が、平成29年1月1日から令和8年12月31日までの間に自己又は自己と生計を一にする配偶者やその他の親族のために特定一般用医薬品等購入費を支払った場合には、一定の金額の所得控除を受けることができる（措法41の17）。

(3) 適用関係

　セルフメディケーション税制は医療費控除の特例であり、従来の医療費控除との選択適用となる（措法41の17）。

| 区　　分 | | ～平成28年分 | 平成29年分～(注1) | 令和3年分～ |
|---|---|---|---|---|
| 医療費控除 | 対象者 | 居住者 | | |
| | 対象 | 自己又は自己と生計を一にする配偶者やその他の親族のために支払った医療費 | | |
| | 控除額 | （支払った医療費の額－保険金等で補てんされる金額）－（10万円と「総所得金額等の5％」とのいずれか少ない方の金額） | | |
| | 限度額 | 200万円 | | |
| | 添付書類等 | 医療費の領収書 | 医療費の明細書又は医療保険者等の医療費通知書(注2) | |
| セルフメディケーション税制 | 対象者 | — | 居住者 | |
| | 対象 | — | 自己又は自己と生計を一にする配偶者やその他の親族のために支払った特定一般用医薬品等の購入費 | |
| | 控除額 | — | （支払った特定一般用医薬品等購入費－保険金等で補てんされる金額）－12,000円 | |

| 区　　分 | | ～平成28年分 | 平成29年分～[注1] | 令和３年分～ |
|---|---|---|---|---|
| セルフメディケーション税制 | 限度額 | ― | 88,000円 | |
| | 添付書類等 | ― | 特定一般用医薬品等購入費の明細書[注2]及び一定の取組を行ったことを明らかにする書類 | 特定一般用医薬品等購入費の明細書[注3] |

（注１）セルフメディケーション税制の適用期間は平成29年１月１日から令和８年12月31日までの間である。

（注２）税務署長は、確定申告期限から５年間、その適用に係る医療費の領収書又は特定一般用医薬品等購入費の領収書の提示又は提出を求めることができ、当該求めがあったときは、その適用を受ける者は、当該領収書の提示又は提出をしなければならない。

　　　　なお、平成29年分から令和元年分に限り、改正前と同様に医療費の領収書又は特定一般用医薬品等購入費の領収書の添付又は提示による控除の適用もできる。

（注３）税務署長は、確定申告期限から５年間、その適用に係る医療費の領収書、特定一般用医薬品等購入費の領収書及び保険者が実施する健康診査など一定の取組を行ったことを明らかにする書類の提示又は提出を求めることができ、当該求めがあったときは、その適用を受ける者は、当該領収書等の提示又は提出をしなければならない。

参考

　セルフメディケーション税制の対象となる医薬品の一部には、次のようなマークが掲載されている。

# 7 生命保険料控除

　一定の生命保険料、介護医療保険料及び個人年金保険料を支払った場合には、一定の金額の所得控除を受けることができる。

　なお、平成24年1月1日以後に締結した保険契約等に係る保険料と平成23年12月31日以前に締結した保険契約等に係る保険料では、生命保険料控除の取扱いが異なる（所法76）。

| ～平成23年分 | | | 平成24年分～ | | |
|---|---|---|---|---|---|
| 対象 | 一般の生命保険料 | | **平成23年12月31日以前に締結した保険契約等** | | |
| | 個人年金保険料 | | 対象 | 一般の生命保険料 | |
| 控除額 | 年間の支払保険料等 | 控除額 | | 個人年金保険料 | |
| | 25,000円以下 | 支払保険料等の全額 | | 年間の支払保険料等 | 控除額 |
| | 25,000円超50,000円以下 | 支払保険料等×1/2+12,500円 | | 25,000円以下 | 支払保険料等の全額 |
| | 50,000円超100,000円以下 | 支払保険料等×1/4+25,000円 | 控除額 | 25,000円超50,000円以下 | 支払保険料等×1/2+12,500円 |
| | 100,000円超 | 一律50,000円 | | 50,000円超100,000円以下 | 支払保険料等×1/4+25,000円 |
| 限度額 | 一般の生命保険料控除 | 50,000円 | | 100,000円超 | 一律50,000円 |
| | 個人年金保険料控除 | 50,000円 | 限度額 | 一般の生命保険料控除 | 50,000円 |
| | 合計 | 100,000円 | | 個人年金保険料控除 | 50,000円 |
| | | | | 合計 | 100,000円 |

| ～平成23年分 | 平成24年分～ | | | |
|---|---|---|---|---|
| | **平成24年1月1日以後に締結した保険契約等** | | | |
| | 対象 | 一般の生命保険料 | | |
| | | 個人年金保険料 | | |
| | | 介護医療保険料 | | |
| | 控除額 | 年間の支払保険料等 | 控除額 | |
| | | 20,000円以下 | 支払保険料等の全額 | |
| | | 20,000円超 40,000円以下 | 支払保険料等×1/2＋10,000円 | |
| | | 40,000円超 80,000円以下 | 支払保険料等×1/4＋20,000円 | |
| | | 80,000円超 | 一律40,000円 | |
| | 限度額 | 一般の生命保険料控除 | 40,000円 | |
| | | 個人年金保険料控除 | 40,000円 | |
| | | 介護医療保険料控除 | 40,000円 | |
| | | 合　計 | 120,000円 | |
| | **新契約と旧契約の双方に加入している場合の限度額** | | | |
| | 限度額 | 区　分 | 旧契約 | 新契約 | 旧＋新の合計 |
| | | 一般の生命保険料控除 | 50,000円 | 40,000円 | 40,000円 |
| | | 個人年金保険料控除 | 50,000円 | 40,000円 | 40,000円 |
| | | 介護医療保険料控除 | － | 40,000円 | 40,000円 |
| | | 合　計 | － | － | 120,000円 |
| | | ※旧のみ、新のみ又は旧＋新の選択可、但し限度額は12万円 | | | |

# 8 寄附金控除

　国や地方公共団体、特定公益増進法人などに対し、「特定寄附金」を支出した場合には、確定申告により一定の金額の所得控除を受けることができる（所法78、措法41の18、41の18の2、41の18の3、41の19）。

| | ～平成21年分 | 平成22年分～ |
|---|---|---|
| 寄附金控除の控除額 | 次のいずれか少ない金額－5,000円<br>① 総所得金額等の40％相当額<br>② 支出した特定寄附金(注1)の額 | 次のいずれか少ない金額－2,000円<br>① 総所得金額等の40％相当額<br>② 支出した特定寄附金(注1)の額 |

（注1）特定寄附金の範囲は次のとおり。
　　1　国、地方公共団体に対する寄附金
　　2　公益社団法人、公益財団法人等への寄附金のうち、一定の要件を満たすものとして財務大臣が指定したもの
　　3　特定公益増進法人（独立行政法人、日本赤十字社等）に対する当該法人の主たる目的である業務に関連する寄附金
　　4　特定公益信託のうち、その目的が公益の増進に著しく寄与する一定のものの信託財産とするために支出した金銭
　　5　政党等に対する政治活動に関する寄附金のうち一定のもの
　　6　認定特定非営利活動法人等（認定NPO法人）に対する寄附金で特定非営利活動に係る事業に関連するもの
　　7　特定新規中小法人により発行される特定新規株式を払込みにより取得した場合の特定新規株式の取得に要した金額のうち一定の金額（1千万円を限度）
　　8　特定地域雇用等促進法人に対する寄附金のうち、一定のもの（平成25年11月30日までに支出するものに限る）
（注2）①政治活動に関する寄附金、②認定NPO法人等に対する寄附金及び③公益社団法人等に対する寄附金のうち一定のものについては、所得控除に代えて税額控除（項目20）を選択することができる（②及び③については平成23年分以後）。

# 9 ひとり親控除・寡婦控除

(1) ひとり親控除

　居住者がひとり親である場合には、その者のその年分の総所得金額等から35万円を控除する。

　ひとり親とは、現に婚姻をしていない者又は配偶者の生死の明らかでない者のうち次の要件を満たす者をいう（所法2、81）。

　イ　その者と生計を一にする子（総所得金額等の合計額が48万円以下である者）を有すること

　ロ　合計所得金額が500万円以下であること

　ハ　その者と事実上婚姻関係と同様の事情にあると認められる者として一定の者（住民票の続柄に「夫（未届）」「妻（未届）」の記載がある者）がいないこと

(2) 寡婦控除

　居住者が寡婦である場合には、その者のその年分の総所得金額等から27万円を控除する。

　寡婦とは、次に掲げる者でひとり親に該当しない者をいう（所法2、80）。

　イ　夫と離婚した後婚姻をしていない者のうち、次に掲げる要件を満たす者

　　(イ)　扶養親族を有すること

　　(ロ)　合計所得金額が500万円以下であること

　　(ハ)　その者と事実上婚姻関係と同様の事情にあると認められる者として一定の者（住民票の続柄に「夫（未届）」「妻（未届）」の記載がある者）がいないこと

　ロ　夫と死別した後婚姻をしていない者又は夫の生死の明らかでない一定の者のうち、前記イ(ロ)及び(ハ)に掲げる要件を満たす者

| 区分 | 配偶関係 | | | 死別 ～500万円 | 死別 500万円～ | 離別 ～500万円 | 離別 500万円～ | 控除 | 死別 | 離別 | 未婚のひとり親 | 控除 |
|---|---|---|---|---|---|---|---|---|---|---|---|---|
| | 本人の合計所得金額 | | | | | | | | 500万円以下 | | | |
| 本人が女性 | 扶養親族 | 有 | 子 | 35万円 | 27万円 | 35万円 | 27万円 | 寡婦(寡夫)控除 | 35万円 | | | ひとり親控除 |
| | | | 子以外 | 27万円 | | | | | 27万円 | | － | 寡婦控除 |
| | | 無 | | 27万円 | － | － | － | | 27万円 | － | | |
| 本人が男性 | 扶養親族 | 有 | 子 | 27万円 | － | 27万円 | － | | 35万円 | | | ひとり親控除 |
| | | | 子以外 | － | － | － | － | | － | － | － | － |
| | | 無 | | － | － | － | － | | － | － | － | |

所得税関係

ひとり親控除・寡婦控除

# 10 配偶者控除・配偶者特別控除

(1) 配偶者控除

　居住者に控除対象配偶者（合計所得金額が1,000万円以下である居住者の配偶者でその居住者と生計を一にするもの（青色事業専従者等を除く）のうち、合計所得金額が48万円以下である者（同一生計配偶者））がいる場合には、一定の金額の所得控除が受けられる（所法2、83）。

| 区分 | ～平成29年分 | | 平成30年分～令和元年分 | | |
|---|---|---|---|---|---|
| | 配偶者の合計所得金額 | | 配偶者の合計所得金額 | | |
| | 38万円以下 | | 38万円以下 | | |
| | 控除対象配偶者 | 老人控除対象配偶者(注) | 居住者の合計所得金額 | 控除対象配偶者 | 老人控除対象配偶者(注) |
| 控除額 | 38万円 | 48万円 | 900万円以下 | 38万円 | 48万円 |
| | | | 900万円超950万円以下 | 26万円 | 32万円 |
| | | | 950万円超1,000万円以下 | 13万円 | 16万円 |
| | | | 1,000万円超 | 0円 | 0円 |

| 区分 | 令和2年分～ | | |
|---|---|---|---|
| | 配偶者の合計所得金額 | | |
| | 48万円以下 | | |
| | 居住者の合計所得金額 | 控除対象配偶者 | 老人控除対象配偶者(注) |
| 控除額 | 900万円以下 | 38万円 | 48万円 |
| | 900万円超950万円以下 | 26万円 | 32万円 |
| | 950万円超1,000万円以下 | 13万円 | 16万円 |
| | 1,000万円超 | 0円 | 0円 |

（注）老人控除対象配偶者とは、控除対象配偶者のうち、その年12月31日現在の年齢が70歳以上の者をいう。

(2) 配偶者特別控除

　配偶者控除の適用がない者で、居住者本人の合計所得金額が1,000万円以下であり、かつ、配偶者の合計所得金額が48万円超133万円以下である場合に、配偶者特別控除の適用を受けることができる。また、配偶者特別控除額は、配偶者特別控除の適用を受ける居住者本人の合計所得金額及び配偶者の合計所得金額に応じて異なる（所法83の2）。

| ～平成29年分 | | 平成30年分～令和元年分 | | | |
|---|---|---|---|---|---|
| | | | 居住者の合計所得金額 | | |
| 配偶者の合計所得金額 | 控除額 | 配偶者の合計所得金額 | 900万円以下 | 900万円超 950万円以下 | 950万円超 1,000万円以下 |
| | | | 控除額 | 控除額 | 控除額 |
| 38万円超 40万円未満 | 38万円 | 38万円超 85万円以下 | 38万円 | 26万円 | 13万円 |
| 40万円以上 45万円未満 | 36万円 | 85万円超 90万円以下 | 36万円 | 24万円 | 12万円 |
| 45万円以上 50万円未満 | 31万円 | 90万円超 95万円以下 | 31万円 | 21万円 | 11万円 |
| 50万円以上 55万円未満 | 26万円 | 95万円超 100万円以下 | 26万円 | 18万円 | 9万円 |
| 55万円以上 60万円未満 | 21万円 | 100万円超 105万円以下 | 21万円 | 14万円 | 7万円 |
| 60万円以上 65万円未満 | 16万円 | 105万円超 110万円以下 | 16万円 | 11万円 | 6万円 |
| 65万円以上 70万円未満 | 11万円 | 110万円超 115万円以下 | 11万円 | 8万円 | 4万円 |
| 70万円以上 75万円未満 | 6万円 | 115万円超 120万円以下 | 6万円 | 4万円 | 2万円 |
| 75万円以上 76万円未満 | 3万円 | 120万円超 123万円以下 | 3万円 | 2万円 | 1万円 |
| 76万円以上 | 0円 | 123万円超 | 0円 | 0円 | 0円 |

| 令和2年分～ | | | |
|---|---|---|---|
| | 居住者の合計所得金額 | | |
| 配偶者の合計所得金額 | 900万円以下 | 900万円超 950万円以下 | 950万円超 1,000万円以下 |
| | 控除額 | 控除額 | 控除額 |
| 48万円超95万円以下 | 38万円 | 26万円 | 13万円 |
| 95万円超100万円以下 | 36万円 | 24万円 | 12万円 |
| 100万円超105万円以下 | 31万円 | 21万円 | 11万円 |
| 105万円超110万円以下 | 26万円 | 18万円 | 9万円 |
| 110万円超115万円以下 | 21万円 | 14万円 | 7万円 |
| 115万円超120万円以下 | 16万円 | 11万円 | 6万円 |
| 120万円超125万円以下 | 11万円 | 8万円 | 4万円 |
| 125万円超130万円以下 | 6万円 | 4万円 | 2万円 |
| 130万円超133万円以下 | 3万円 | 2万円 | 1万円 |
| 133万円超 | 0円 | 0円 | 0円 |

(3) 主たる給与等に係る源泉徴収

　主たる給与等に係る源泉徴収税額は、扶養親族等（源泉控除対象配偶者、控除対象扶養親族及び障害者）の有無及びその数に応じてその金額を算出する（所法2、185、186、同別表第二～第四）。

| | ～平成29年分 | 平成30年分～令和元年分 |
|---|---|---|
| 扶養親族等の数にカウントする配偶者 | 控除対象配偶者<br>⇒居住者の配偶者でその居住者と生計を一にする者（青色事業専従者等を除く）のうち、合計所得金額が38万円以下である者 | 源泉控除対象配偶者<br>⇒居住者（合計所得金額が900万円以下である者に限る）の配偶者でその居住者と生計を一にする者（青色事業専従者等を除く）のうち、合計所得金額が85万円以下である者 |

| | 令和2年分～ |
|---|---|
| 扶養親族等の数にカウントする配偶者 | 源泉控除対象配偶者<br>⇒居住者（合計所得金額が900万円以下である者に限る）の配偶者でその居住者と生計を一にする者（青色事業専従者等を除く）のうち、合計所得金額が95万円以下である者 |

# 11 扶養控除

　控除対象扶養親族（その年の12月31日現在の年齢が16歳以上の者）となる者がいる場合には、一定の金額の所得控除を受けることができる（所法2、84、85、措法41の16）。

　扶養親族とは、その年の12月31日（納税者が年の中途で死亡又は出国する場合は、その死亡又は出国の時）の現況で次の要件をすべて満たす者をいう（所法2①三十四）。

(1)　配偶者以外の親族（6親等内の血族及び3親等内の姻族）、都道府県知事から養育を委託された児童（いわゆる里子）や市町村長から養護を委託された老人であること。

(2)　納税者と生計を一にしていること（青色事業専従者として給与の支払を受けていないこと又は事業専従者でないこと）。

(3)　年間の合計所得金額が48万円以下であること。

　なお、令和5年分以後は、非居住者である親族に係る扶養控除の対象となる親族から、年齢30歳以上70歳未満の者であって次のいずれにも該当しない者が除外される（所法2）。

　イ　留学により非居住者となった者

　ロ　障害者

　ハ　その居住者からその年における生活費又は教育費に充てるための支払を38万円以上受けている者

| ～平成22年分 | | | 平成23年分～ | | |
|---|---|---|---|---|---|
| 扶養親族の年齢 | 扶養親族の区分 | 扶養控除の額 | 扶養親族の年齢 | 扶養親族の区分 | 扶養控除の額 |
| 0歳～15歳 | 一般の扶養親族 | 38万円 | 0歳～15歳 | 扶養控除対象外 | |
| 16歳～18歳 | 特定扶養親族 | 63万円 | 16歳～18歳 | 一般の扶養親族 | 38万円 |
| 19歳～22歳 | | | 19歳～22歳 | 特定扶養親族 | 63万円 |
| 23歳～69歳 | 一般の扶養親族 | 38万円 | 23歳～69歳 | 一般の扶養親族 | 38万円 |
| 70歳～ | 老人扶養親族 | 同居老親等以外の者 48万円 | 70歳～ | 老人扶養親族 | 同居老親等以外の者 48万円 |
| | | 同居老親等 58万円 | | | 同居老親等 58万円 |

# 12 障害者控除

　納税者自身又は同一生計配偶者<sup>(注)</sup>や扶養親族が所得税法上の障害者や特別障害者に当てはまる場合には、一定の金額の所得控除を受けることができる（所法2、79、所令10、所基通2-39）。

（注）平成30年分以前は控除対象配偶者

(1)　障害者の範囲

| 区分 | 障害者 | 特別障害者 |
|---|---|---|
| ① | 同　右 | 常に精神上の障害により事理を弁識する能力を欠く状態にある者 |
| ② | 児童相談所、知的障害者更生相談所、精神保健福祉センター、精神保健指定医の判定により、知的障害者と判定された者 | 左のうち重度の知的障害者と判定された者 |
| ③ | 精神保健及び精神障害者福祉に関する法律の規定により精神障害者保健福祉手帳の交付を受けている者 | 左のうち障害等級が1級と記載されている者 |
| ④ | 身体障害者福祉法の規定により交付を受けた身体障害者手帳に、身体上の障害がある者として記載されている者 | 左のうち障害の程度が1級又は2級と記載されている者 |
| ⑤ | 精神又は身体に障害のある年齢が満65歳以上の者で、その障害の程度が①、②又は④に掲げる者に準ずるものとして市町村長等や福祉事務所長の認定を受けている者 | 左のうち特別障害者に準ずるものとして市町村長等や福祉事務所長の認定を受けている者 |
| ⑥ | 戦傷病者特別援護法の規定により戦傷病者手帳の交付を受けている者 | 左のうち障害の程度が恩給法に定める特別項症までの者 |
| ⑦ | 同　右 | 原子爆弾被爆者に対する援護に関する法律の規定により厚生労働大臣の認定を受けている者 |
| ⑧ | 同　右 | その年の12月31日の現況で引き続き6か月以上にわたって身体の障害により寝たきりの状態で、複雑な介護を必要とする者 |

(2) 控除額

| ～平成22年分 | | 控除額 | 平成23年分～ | | 控除額 |
|---|---|---|---|---|---|
| 配偶者控除<br>　一般の控除対象配偶者（～69歳）<br>　老人控除対象配偶者（70歳～） | | 38万円<br>48万円 | 配偶者控除<br>　一般の控除対象配偶者（～69歳）<br>　老人控除対象配偶者（70歳～） | | 38万円<br>48万円 |
| | 同居特別障害者加算 | 35万円 | | | |
| 扶養控除<br><br>　一般の扶養親族（0歳～15歳、23歳～69歳）<br>　特定扶養親族（16歳～22歳）<br>　老人扶養親族（70歳～）<br>　同居する老人扶養親族（70歳～） | | <br><br>38万円<br><br>63万円<br>48万円<br>58万円 | 扶養控除<br><br>　一般の控除対象扶養親族（16歳～18歳、23歳～69歳）<br>　特定扶養親族（19歳～22歳）<br>　老人扶養親族（70歳～）<br>　同居する老人扶養親族（70歳～） | | <br><br>38万円<br><br>63万円<br>48万円<br>58万円 |
| | 同居特別障害者加算 | 35万円 | | | |
| 障害者控除<br>　一般の障害者<br>　特別障害者 | | 27万円<br>40万円 | 障害者控除<br>　一般の障害者<br>　特別障害者<br>　同居特別障害者 | | 27万円<br>40万円<br>75万円 |

# 13 基礎控除

　基礎控除は、確定申告や年末調整において所得税額の計算をする場合に、総所得金額などから差し引くことができる控除であり、控除額は48万円であるが納税者本人の合計所得金額が2,400万円を超える個人についてはその合計所得金額に応じて控除額が逓減し、合計所得金額が2,500万円を超える個人については基礎控除の適用ができない（所法86）。

| ～令和元年分 | | 令和2年分～ | |
|---|---|---|---|
| 個人の合計所得金額 | 控除額 | 個人の合計所得金額 | 控除額 |
| 上限なし | 38万円 | 2,400万円以下 | 48万円 |
| | | 2,400万円超<br>2,450万円以下 | 32万円 |
| | | 2,450万円超<br>2,500万円以下 | 16万円 |
| | | 2,500万円超 | 0円（適用なし） |

# 14 青色申告特別控除

　不動産所得又は事業所得を生ずべき事業を営んでいる青色申告者で、これらの所得に係る取引を正規の簿記の原則（一般的には複式簿記）により記帳し、その記帳に基づいて作成した貸借対照表及び損益計算書を確定申告書に添付して法定申告期限内に提出している場合には、原則として、これらの所得を通じて最高55万円を控除する。

　さらに、上記の要件に加えて e-Tax による申告（電子申告）又は電子帳簿保存のいずれかを行っている場合には、控除額を最高65万円とする。

　また、それ以外の青色申告者については、不動産所得、事業所得又は山林所得を通じて最高10万円を控除する（措法25の2）。

| ～令和元年分 | | 令和2年分～ | |
|---|---|---|---|
| 要件 | 控除額 | 要件 | 控除額 |
| ①不動産所得又は事業所得を生ずべき事業を営む青色申告者<br>②正規の簿記の原則で記帳（複式簿記）<br>③申告書に貸借対照表と損益計算書を添付<br>④期限内申告 | 最高65万円 | ①不動産所得又は事業所得を生ずべき事業を営む青色申告者<br>②正規の簿記の原則で記帳（複式簿記）<br>③申告書に貸借対照表と損益計算書を添付<br>④期限内申告 | 最高55万円 |
| | | 上記要件に加えて e-Tax による申告（電子申告）又は電子帳簿保存 | 最高65万円 |
| 上記以外の青色申告者 | 最高10万円 | 上記以外の青色申告者 | 最高10万円 |

# 15 住宅借入金等特別控除

　個人（居住者と平成28年４月１日以後は非居住者を含む）が住宅ローン等を利用して、マイホームの新築、取得又は増改築等をし、自己の居住の用に供した場合で一定の要件を満たす場合には、その取得等に係る住宅ローン等の年末残高の合計額等を基として計算した金額を、居住の用に供した年分以後の各年分の所得税額から控除することができる（措法41、41の２、新型コロナ税特法６の２）。

一般の住宅の取得等の場合（本則）

| 住宅を居住の用に供した日 | 控除期間 | | | 住宅借入金等の年末残高に乗ずる割合 | | | | | 各年の控除限度額 |
|---|---|---|---|---|---|---|---|---|---|
| | | | | 2,000万円以下 | 2,000万円超2,500万円以下 | 2,500万円超3,000万円以下 | 3,000万円超4,000万円以下 | 4,000万円超5,000万円以下 | |
| 平11.1.1～平13.6.30 | 1～6年目 | | | 1.0% | | | | | 50万円 |
| | 7～11年目 | | | 0.75% | | | | | 37万5千円 |
| | 12～15年目 | | | 0.5% | | | | | 25万円 |
| 平13.7.1～平16.12.31 | 1～10年目 | | | 1.0% | | | | | 50万円 |
| 平17.1.1～平17.12.31 | 1～8年目 | | | 1.0% | | | | — | 40万円 |
| | 9～10年目 | | | 0.5% | | | | — | 20万円 |
| 平18.1.1～平18.12.31 | 1～7年目 | | | 1.0% | | | — | | 30万円 |
| | 8～10年目 | | | 0.5% | | | — | | 15万円 |
| 平19.1.1～平19.12.31 | (1)か(2)を選択して適用 | (1) | 1～6年目 | 1.0% | | — | | | 25万円 |
| | | | 7～10年目 | 0.5% | | — | | | 12万5千円 |
| | | (2) | 1～10年目 | 0.6% | | — | | | 15万円 |
| | | | 11～15年目 | 0.4% | | — | | | 10万円 |
| 平20.1.1～平20.12.31 | (1)か(2)を選択して適用 | (1) | 1～6年目 | 1.0% | | — | | | 20万円 |
| | | | 7～10年目 | 0.5% | | — | | | 10万円 |
| | | (2) | 1～10年目 | 0.6% | | — | | | 12万円 |
| | | | 11～15年目 | 0.4% | | — | | | 8万円 |
| 平21.1.1～平22.12.31 | 1～10年目 | | | 1.0% | | | | | 50万円 |
| 平23.1.1～平23.12.31 | 1～10年目 | | | 1.0% | | | | — | 40万円 |

| 住宅を居住の用に供した日 | 控除期間 | | 住宅借入金等の年末残高に乗ずる割合 | | | | | 各年の控除限度額 |
|---|---|---|---|---|---|---|---|---|
| | | | 2,000万円以下 | 2,000万円超2,500万円以下 | 2,500万円超3,000万円以下 | 3,000万円超4,000万円以下 | 4,000万円超5,000万円以下 | |
| 平24.1.1～平24.12.31 | 1～10年目 | | 1.0% | | | — | | 30万円 |
| 平25.1.1～平26.3.31 | 1～10年目 | | 1.0% | — | | | | 20万円 |
| 平26.4.1～令元.9.30 | 特定取得(注1) | 1～10年目 | 1.0% | | | | — | 40万円 |
| | 上記以外 | 1～10年目 | 1.0% | — | | | | 20万円 |
| 令元.10.1～令2.12.31 | 特定取得(注1) | 1～10年目 | 1.0% | | | | — | 40万円 |
| | 特別特定取得(注2) | 1～10年目 | 1.0% | | | | — | 40万円 |
| | | 11～13年目 | 1.0%と税抜きの建物購入価格（4,000万円を限度）×2％÷3のいずれか少ない金額 | | | | | |
| | 上記以外 | 1～10年目 | 1.0% | — | | | | 20万円 |
| 令3.1.1～令3.12.31(注4) | 特定取得(注1) | 1～10年目 | 1.0% | | | | — | 40万円 |
| | 特別特例取得(注3) | 1～10年目 | 1.0% | | | | — | 40万円 |
| | | 11～13年目 | 1.0%と税抜きの建物購入価格（4,000万円を限度）×2％÷3のいずれか少ない金額 | | | | | |
| | 上記以外 | 1～10年目 | 1.0% | — | | | | 20万円 |
| 令4.1.1～令5.12.31(注5) | 新築 | 1～13年目 | 0.7% | | | — | | 21万円 |
| | 中古、増改築等 | 1～10年目 | 0.7% | — | | | | 14万円 |
| 令6.1.1～令7.12.31(注5) | 新築 | | 原則として対象外 | | | | | |
| | 新築で一定のもの(注6) | 1～10年目 | 0.7% | — | | | | 14万円 |
| | 中古、増改築等 | 1～10年目 | 0.7% | — | | | | 14万円 |

認定住宅の新築等の場合（認定長期優良住宅）

| 住宅を居住の用に供した日 | 控除期間 | | 住宅借入金等の年末残高に乗ずる割合 | | | | | 各年の控除限度額 |
|---|---|---|---|---|---|---|---|---|
| | | | 2,000万円以下 | 2,000万円超2,500万円以下 | 2,500万円超3,000万円以下 | 3,000万円超4,000万円以下 | 4,000万円超5,000万円以下 | |
| 平21.6.4～平23.12.31 | 1～10年目 | | 1.2% | | | | | 60万円 |
| 平24.1.1～平24.12.31 | 1～10年目 | | 1.0% | | | | — | 40万円 |
| 平25.1.1～平26.3.31 | 1～10年目 | | 1.0% | | | — | | 30万円 |
| 平26.4.1～令元.9.30 | 特定取得(注1) | 1～10年目 | 1.0% | | | | | 50万円 |
| | 上記以外 | 1～10年目 | 1.0% | | | | — | 30万円 |
| 令元.10.1～令2.12.31 | 特定取得(注1) | 1～10年目 | 1.0% | | | | | 50万円 |
| | 特別特定取得(注2) | 1～10年目 | 1.0% | | | | | 50万円 |
| | | 11～13年目 | 1.0％と税抜きの建物購入価格（5,000万円を限度）×2％÷3のいずれか少ない金額 | | | | | |
| | 上記以外 | 1～10年目 | 1.0% | | | | — | 30万円 |
| 令3.1.1～令3.12.31(注4) | 特定取得(注1) | 1～10年目 | 1.0% | | | | | 50万円 |
| | 特別特例取得(注3) | 1～10年目 | 1.0% | | | | | 50万円 |
| | | 11～13年目 | 1.0％と税抜きの建物購入価格（5,000万円を限度）×2％÷3のいずれか少ない金額 | | | | | |
| | 上記以外 | 1～10年目 | 1.0% | | | | — | 30万円 |

認定住宅の新築等の場合（認定低炭素住宅）

| 住宅を居住の用に供した日 | 控除期間 | | 住宅借入金等の年末残高に乗ずる割合 | | | | | 各年の控除限度額 |
|---|---|---|---|---|---|---|---|---|
| | | | 2,000万円以下 | 2,000万円超2,500万円以下 | 2,500万円超3,000万円以下 | 3,000万円超4,000万円以下 | 4,000万円超5,000万円以下 | |
| 平24.12.4～平24.12.31 | 1～10年目 | | 1.0% | | | | — | 40万円 |
| 平25.1.1～平26.3.31 | 1～10年目 | | 1.0% | | | — | | 30万円 |
| 平26.4.1～令元.9.30 | 特定取得(注1) | 1～10年目 | 1.0% | | | | | 50万円 |
| | 上記以外 | 1～10年目 | 1.0% | | | | — | 30万円 |
| 令元.10.1～令2.12.31 | 特定取得(注1) | 1～10年目 | 1.0% | | | | | 50万円 |
| | 特別特定取得(注2) | 1～10年目 | 1.0% | | | | | 50万円 |
| | | 11～13年目 | 1.0％と税抜きの建物購入価格（5,000万円を限度）×2％÷3のいずれか少ない金額 | | | | | |
| | 上記以外 | 1～10年目 | 1.0% | | | | — | 30万円 |
| 令3.1.1～令3.12.31(注4) | 特定取得(注1) | 1～10年目 | 1.0% | | | | | 50万円 |
| | 特別特例取得(注3) | 1～10年目 | 1.0% | | | | | 50万円 |
| | | 11～13年目 | 1.0％と税抜きの建物購入価格（5,000万円を限度）×2％÷3のいずれか少ない金額 | | | | | |
| | 上記以外 | 1～10年目 | 1.0% | | | | — | 30万円 |

認定住宅等の場合

| 住宅を居住の用に供した日 | 区分 | | 控除期間 | 住宅借入金等の年末残高に乗ずる割合 | | | | | 各年の控除限度額 |
|---|---|---|---|---|---|---|---|---|---|
| | | | | 3,000万円以下 | 3,000万円超3,500万円以下 | 3,500万円超4,000万円以下 | 4,000万円超4,500万円以下 | 4,500万円超5,000万円以下 | |
| 令4.1.1〜令5.12.31(注5) | 認定住宅(注7) | 新築等(注10) | 1〜13年目 | 0.7% | | | | — | 35万円 |
| | | 中古 | 1〜10年目 | 0.7% | | | — | | 21万円 |
| | 特定エネルギー消費性能向上住宅(注8) | 新築等(注10) | 1〜13年目 | 0.7% | | | | — | 31.5万円 |
| | | 中古 | 1〜10年目 | 0.7% | | — | | | 21万円 |
| | エネルギー消費性能向上住宅(注9) | 新築等(注10) | 1〜13年目 | 0.7% | | | — | | 28万円 |
| | | 中古 | 1〜10年目 | 0.7% | | — | | | 21万円 |
| 令6.1.1〜令7.12.31(注5) | 認定住宅(注7) | 新築等(注10) | 1〜13年目 | 0.7% | | | | — | 31.5万円 |
| | | 中古 | 1〜10年目 | 0.7% | | | — | | 21万円 |
| | 特定エネルギー消費性能向上住宅(注8) | 新築等(注10) | 1〜13年目 | 0.7% | | | — | | 24.5万円 |
| | | 中古 | 1〜10年目 | 0.7% | | — | | | 21万円 |
| | エネルギー消費性能向上住宅(注9) | 新築等(注10) | 1〜13年目 | 0.7% | | — | | | 21万円 |
| | | 中古 | 1〜10年目 | 0.7% | | — | | | 21万円 |
| 令6.1.1〜令6.12.31 | 子育て世帯等(注11) | 認定住宅(注7) | 1〜13年目 | 0.7% | | | | — | 35万円 |
| | | 特定エネルギー消費性能向上住宅(注8) | 新築等(注10) 1〜13年目 | 0.7% | | | | — | 31.5万円 |
| | | エネルギー消費性能向上住宅(注9) | 1〜13年目 | 0.7% | | | — | | 28万円 |

（注1）特定取得とは、住宅の取得等の対価の額又は費用の額に含まれる消費税額等が、8％又は10％の税率により課されるべき消費税額等である場合におけるその住宅の取得等をいう。

（注2）特別特定取得とは、住宅の取得等に係る対価の額又は費用の額に含まれる消費税等の税率が10％である場合のその住宅の取得等をいう。

（注3）特別特例取得とは、住宅の取得等に係る対価の額又は費用の額に含まれる消費税等の税率が10％である場合のその住宅の取得等で次に掲げる区分に応じそれぞれに次に定める期間内にその契約が締結されているもの。
　1　居住用家屋の新築　令和2年10月1日から令和3年9月30日までの期間
　2　居住用家屋で建築後使用されたことのないもの若しくは中古住宅の取得又はその者の居住の用に供する家屋の増改築等　令和2年12月1日から令和3年11月30日までの期間

（注4）特別特例取得をした個人がその家屋を令和3年1月1日から令和4年12月31日までの間にその者の居住の用に供した場合は、床面積が40㎡以上50㎡未満の住宅についても適用できる。控除期間の3年間延長の特例を適用できる。

（注5）適用対象者の所得要件を合計所得金額3,000万円以下から2,000万円以下に引き下げ（特例居住用家屋の新築等及び特例認定住宅等の新築等については1,000万円）。
　　なお、特例居住用家屋とは、床面積が40㎡以上50㎡未満で令和5年12月31日以前に建築基準法第6条1項の規定による建築確認を受けた居住用家屋をいい、特例認定住宅等とは、床面積が40㎡以上50㎡未満で令和6年12月31日以前に建築基準法第6条1項の規定による建築確認を受けた認定住宅等をいう。

（注6）一般の新築住宅（認定住宅等に該当しない新築住宅）のうち、令和5年12月31日までに建築確認等を受けたもの又は令和6年6月30日までに建築されたものをいう。
　　ただし、特例居住用家屋に該当する場合は、令和5年12月31日までに建築確認を受けたものが対象となる。

（注7）認定住宅とは、認定長期優良住宅及び認定低炭素住宅をいう。

（注８）特定エネルギー消費性能向上住宅とは、エネルギーの使用の合理化に著しく資する住宅の用に供する家屋をいう。

（注９）エネルギー消費性能向上住宅とは、エネルギーの使用の合理化に資する住宅の用に供する家屋をいう。

（注10）新築等とは、認定住宅等の新築若しくは認定住宅等で建築後使用されたことのないものの取得又は買取再販認定住宅等の取得をいう。

（注11）子育て世帯等とは、19歳未満の扶養親族を有する世帯又は自身もしくは配偶者のいずれかが40歳未満の世帯をいう。

所得税関係

住宅借入金等特別控除

# 16 特定増改築等住宅借入金等特別控除（バリアフリー・省エネ・多世帯同居改修工事等）

　個人（居住者と平成28年4月1日以後は非居住者を含む。以下同じ）が住宅ローン等を利用して、自己が所有している居住用家屋のバリアフリー改修工事、省エネ改修工事及び多世帯同居改修工事等を含む増改築等をし、一定の要件を満たす場合には、その特定の増改築等に係る住宅ローン等の年末残高の合計額等を基として計算した金額を、居住の用に供した年分以後の各年分の所得税額から控除することができる（措法41、41の3の2）。

| 居住の用に供した日 | 対象者 | 対象改修工事 | 控除期間 | | 増改築等借入金等の限度額<br>特定増改築等限度額(注4) | 控除率<br>特定増改築等 | 各年の控除限度額<br>特定増改築等 |
|---|---|---|---|---|---|---|---|
| 平19.4.1～平26.3.31(注1) | 特定居住者(注2) | バリアフリー改修工事 | 1～5年目 | | 1,000万円 | 1.0% | 12万円 |
| | 居住者 | 省エネ改修工事 | | | 200万円 | 2.0% | 4万円 |
| 平26.4.1～令3.12.31 | 特定個人(注2) | バリアフリー改修工事 | 特定取得(注5) | 1～5年目 | 1,000万円 | 1.0% | 12万5千円 |
| | 個人 | 省エネ改修工事＋耐久性向上改修工事(注3) | | | 250万円 | 2.0% | 5万円 |
| | 特定個人(注2) | バリアフリー改修工事 | 特定取得以外 | 1～5年目 | 1,000万円 | 1.0% | 12万円 |
| | 個人 | 省エネ改修工事 | | | 200万円 | 2.0% | 4万円 |
| 平28.4.1～令3.12.31 | 個人 | 多世帯同居改修工事 | 1～5年目 | | 1,000万円 | 1.0% | 12万5千円 |
| | | | | | 250万円 | 2.0% | 5万円 |

（注1）省エネ改修工事については平成20年4月1日から平成26年3月31日までの間に居住の用に供した場合
（注2）特定居住者又は特定個人とは、①50歳以上の者、②要介護又は要支援の認定を受けている者、③障害者である者、④高齢者等（②若しくは③に該当する者又は65歳以上の者）である親族と同居を常況としている者をいう。
（注3）平成29年4月1日以後から適用対象となる工事に特定断熱改修工事等と併せて行う特定耐久性向上改修工事等が追加。
（注4）特定増改築等限度額とは、一定のバリアフリー改修工事、省エネ改修工事、多世帯同居改修工事及び耐久性向上改修工事に係る工事費用から補助金等を控除した金額に相当する住宅借入金等の額をいう。
（注5）特定取得とは、住宅の増改築等に係る費用の額に含まれる消費税額等が、8％又は10％の税率により課されるべき消費税額等である場合におけるその住宅の増改築等をいう。
（注6）特定増改築等住宅借入金等特別控除、住宅借入金等特別控除及び住宅特定改修特別税額控除は、これらの控除のいずれか一つの選択適用となる。

# 17 住宅耐震改修特別控除

個人（居住者と平成28年4月1日以後は非居住者を含む）が自己の居住の用に供する家屋について住宅耐震改修をした場合には、一定の要件の下で、一定の金額をその年分の所得税額から控除することができる（措法41の19の2）。

| 住宅耐震改修を完了した日 | | 対象金額 | 耐震改修工事限度額 | 控除率 | 控除限度額 |
|---|---|---|---|---|---|
| 平21.1.1～平26.3.31 | | ① 住宅耐震改修に要した費用の額(注1)<br>② 住宅耐震改修に係る耐震工事の標準的な費用の額(注2)<br>※①と②のいずれか少ない金額 | 200万円 | 10% | 20万円 |
| 平26.4.1<br>～<br>令3.12.31 | 特定改修(注3) | 住宅耐震改修に係る耐震工事の標準的な費用の額(注2) | 250万円 | 10% | 25万円 |
| | 特定改修以外 | | 200万円 | 10% | 20万円 |
| 令4.1.1～令7.12.31 | | | 250万円 | 10% | 25万円 |

（注1）平成23年6月30日以降に住宅耐震改修に係る契約をして、その住宅耐震改修工事の費用に関し補助金等の交付を受ける場合には、その補助金等の額を控除する。

（注2）住宅耐震改修に係る耐震工事の標準的な費用の額は住宅耐震改修証明書により確認することができる。

（注3）特定改修とは、住宅耐震改修に要した費用の額に含まれる消費税額等が、8％又は10％の税率により課されるべき消費税額等である場合における住宅耐震改修をいう。

# 18 住宅特定改修特別税額控除（バリアフリー・省エネ・多世帯同居・子育て対応改修工事等）

特定個人（居住者と平成28年4月1日以後は非居住者を含む。以下同じ）が自己の所有している居住用家屋について高齢者等居住改修工事等（バリアフリー改修工事）を行った場合、個人が自己の所有している居住用家屋について一般断熱改修工事等（省エネ改修工事）及び多世帯同居改修工事等を行った場合又は特例対象個人が子育て対応改修工事を行った場合には、一定の要件の下で、一定の金額をその年分の所得税額から控除することができる（措法41の19の3）。

| 居住の用に供した年月日 | | 対象者 | 対象改修工事 | 対象金額 | 改修工事限度額 | 控除率 | 控除限度額 |
|---|---|---|---|---|---|---|---|
| 平21.4.1～平26.3.31 | | 特定居住者(注1) | バリアフリー改修工事 | ① バリアフリー改修工事に要した費用の額(注2) ② バリアフリー改修工事の標準的な費用の額(注3) ※①と②のいずれか少ない金額 | 200万円(注4) | 10% | 20万円（30万円） |
| | | 居住者 | 省エネ改修工事 | ① 一般省エネ改修工事に要した費用の額(注2) ② 一般省エネ改修工事の標準的な費用の額(注3) ※①と②のいずれか少ない金額 | 200万円（300万円） | 10% | |
| 平26.4.1～令3.12.31 | 特定改修(注5) | 特定個人(注1) | バリアフリー改修工事 | バリアフリー改修工事の標準的な費用の額(注3) | 200万円 | 10% | 20万円 |
| | 特定改修以外 | | | | 150万円 | 10% | 15万円 |
| | 特定改修(注5) | 個人 | 省エネ改修工事 | 一般省エネ改修工事の標準的な費用の額(注3) | 250万円（350万円） | 10% | 25万円（35万円） |
| | 特定改修以外 | | | | 200万円（300万円） | 10% | 20万円（30万円） |
| 平28.4.1～令3.12.31 | | 個人 | 多世帯同居改修工事 | 多世帯同居改修工事の標準的な費用の額(注3) | 250万円 | 10% | 25万円 |
| | | | 耐震改修と併せて行う耐久性向上改修工事等 | 耐震改修工事と耐久性向上改修工事の標準的な費用の合計額(注3) | 250万円 | 10% | 25万円 |

| 居住の用に供した年月日 | 対象者 | 対象改修工事 | 対象金額 | 改修工事限度額 | 控除率 | 控除限度額 |
|---|---|---|---|---|---|---|
| 平28.4.1～令3.12.31 | 個人 | 省エネ改修と併せて行う耐久性向上改修工事等 | 一般省エネ改修工事と耐久性向上改修工事の標準的な費用の合計額(注3) | 250万円(350万円) | 10% | 25万円(35万円) |
| | 個人 | 耐震改修及び省エネ改修工事と併せて行う耐久性向上改修工事等 | 耐震改修工事、一般省エネ改修工事及び耐久性向上改修工事の標準的な費用の合計額(注3) | 500万円(600万円) | 10% | 50万円(60万円) |

| 居住の用に供した年月日 | 対象者 | 必須工事 | | | | その他の工事 | | | 最大控除額(必須工事とその他工事合計) |
|---|---|---|---|---|---|---|---|---|---|
| | | 対象改修工事 | 対象金額 | 改修工事限度額 | 控除率 | 対象改修工事 | 対象工事限度額 | 控除率 | |
| 令4.1.1～令7.12.31 | 特定個人(注1) | バリアフリー改修工事 | バリアフリー改修工事の標準的な費用の額(注3) | 200万円 | 10% | 必須工事の対象工事限度額超過分及びその他の一定の工事 | 必須工事の対象工事限度額超過分及びその他の一定の工事について、必須工事に係る標準的な費用相当額と同額まで(注11) | 5% | 60万円 |
| | 個人 | 省エネ改修工事(注10) | 省エネ改修工事の標準的な費用の合計額(注3) | 250万円(350万円) | | | | | 62.5万円(67.5万円) |
| | | 多世帯同居改修工事 | 多世帯同居改修工事の標準的な費用の額(注3) | 250万円 | | | | | 62.5万円 |
| | | 住宅耐震改修又は省エネ改修と併せて行う耐久性向上改修工事等 | 住宅耐震改修又は省エネ改修工事と耐久性向上改修工事の標準的な費用の合計額(注3) | 250万円(350万円) | | | | | 62.5万円(67.5万円) |
| | | 住宅耐震改修及び省エネ改修工事と併せて行う耐久性向上改修工事等 | 住宅耐震改修工事、省エネ改修工事及び耐久性向上改修工事の標準的な費用の合計額(注3) | 500万円(600万円) | | | | | 75万円(80万円) |
| 令6.4.1～令6.12.31 | 特例対象個人(注13) | 子育て対応改修工事 | 子育て対応改修工事の標準的な費用の額(注3) | 250万円 | | | | | 62.5万円 |

(注1) 特定居住者又は特定個人とは、①50歳以上の者、②要介護又は要支援の認定を受けている者、③障害者である者、④高齢者等(②若しくは③に該当する者又は65歳以上の者)である親族と同居を常況としている者をいう。

(注2) 平成23年6月30日以降に改修工事に係る契約をして、そのバリアフリー改修工事等を含む改修工事の費用に関し補助金等の交付を受ける場合には、その補助金等の額を控除する。

(注3) バリアフリー改修工事等の標準的な費用の額は増改築等工事証明書により確認することができる。

(注4) 平成24年分は150万円

(注5) 特定改修とは、バリアフリー改修等に要した費用の額に含まれる消費税額等が、8％又は10％の税率により課されるべき消費税額等である場合におけるバリアフリー改修等をいう。

(注6) カッコ内の金額は、太陽光発電設備設置工事を含む一般省エネ改修工事等の場合の金額

(注7) 平成26年4月1日から(多世帯同居改修については平成28年4月1日から)バリアフリー改修、省エネ改修及び多世帯同居改修の工事をした場合には、併用が可能である。

(注8) 耐久性向上改修工事等の特例は住宅耐震改修特別控除及び省エネ改修工事の特別控除と選択適用となる。

(注9) 住宅特定改修特別税額控除、住宅借入金等特別控除及び特定増改築等住宅借入金等特別控除は、これらの控除のいずれか一つの選択適用となる。

(注10) 令和4年1月1日から適用対象となる省エネ改修工事を窓の断熱改修工事又は窓の断熱改修工事と併せて行う天井、壁若しくは床の断熱改修工事(令和3年12月31日までは全ての居室の全ての窓の断熱改修工事又は全ての居室の全ての窓の断熱改修工事と併せて行う天井、壁若しくは床の断熱改修工事)とする。

(注11) 対象工事限度額は必須工事と併せて合計1,000万円が限度。

(注12) 令和6年1月1日以後に自己の居住の用に供する場合から適用対象者の合計所得金額要件を3,000万円以下から2,000万円以下に引き下げ。

(注13) 特例対象個人とは、40歳未満であって配偶者を有する者、40歳以上であって40歳未満の配偶者を有する者又は19歳未満の扶養親族を有する者をいう。

# 19 認定住宅新築等特別税額控除

　個人（居住者と平成28年４月１日以後は非居住者も含む）が認定長期優良住宅又は認定低炭素住宅（以下これらを「認定住宅」という）及び特定エネルギー消費性能向上住宅を取得等した場合には、一定の要件の下で、認定基準に適合するために必要となるかかり増し費用の10％に相当する金額をその年分の所得税額から控除することができる（措法41の19の４）。

　なお、認定住宅新築等特別控除は、住宅借入金等特別控除との選択適用となる。

| 居住の用に供した年月日 | | 認定住宅の範囲 | 標準的なかかり増し費用限度額（認定住宅限度額） | 控除率 | 控除限度額 |
|---|---|---|---|---|---|
| 平21.6.4～平23.12.31 | | 認定長期優良住宅 | 1,000万円 | 10% | 100万円 |
| 平24.1.1～平26.3.31 | | 認定長期優良住宅 | 500万円 | 10% | 50万円 |
| 平26.4.1～令3.12.31 | 特定新築(注1) | 認定住宅 | 650万円 | 10% | 65万円 |
| | 特定新築以外 | | 500万円 | 10% | 50万円 |
| 令4.1.1～令7.12.31 | | 認定住宅 特定エネルギー消費性能向上住宅 | 650万円 | 10% | 65万円 |

（注１）特定新築とは、認定住宅の新築等に係る対価の額に含まれる消費税額等が、８％又は10％の税率により課されるべき消費税額等である場合における認定住宅の新築等をいう。

（注２）令和６年１月１日以後に自己の居住の用に供する場合から適用対象者の合計所得金額要件を3,000万円以下から2,000万円以下に引き下げ。

# 20 寄附金特別控除

　個人が支払った①政党等に対する政治活動に関する寄附金で一定のもの、②認定特定非営利活動法人等（認定 NPO 法人等）に対する寄附金で特定非営利活動に係る事業に関連するもの及び③公益社団法人等に対する寄附金で一定の要件を満たすものについては、税額控除の適用を受けることができる（措法41の18、41の18の２、41の18の３）。

　なお、支払った年分の所得控除として寄附金控除（項目８）の適用を受けるか、税額控除の適用を受けるかいずれか有利な方を選択することができる。

| 区　　分 | ～平成21年分 | 平成22年分 | 平成23年分～ |
|---|---|---|---|
| 政党等に対する政治活動に関する寄附金で一定のもの | その年中に支払った政党等に対する寄附金の額の合計額－5,000円（総所得金額等×40％を限度）×30％　※その年分の所得税額の25％相当額を限度とする(注)。 | その年中に支払った政党等に対する寄附金の額の合計額－2,000円（総所得金額等×40％を限度）×30％　※その年分の所得税額の25％相当額を限度とする(注)。 |  |
| 認定特定非営利活動法人等（認定 NPO 法人等）に対する寄附金で特定非営利活動に係る事業に関連するもの | ― | ― | その年中に支払った認定 NPO 法人等に対する寄附金の額の合計額－2,000円（総所得金額等×40％を限度）×40％　※その年分の所得税の額の25％を限度とする(注)。 |
| 公益社団法人等に対する寄附金で一定の要件を満たすもの | ― | ― | その年中に支払った公益社団法人等に対する一定の要件を満たす寄附金の額の合計額－2,000円（総所得金額等×40％を限度）×40％　※その年分の所得税の額の25％を限度とする(注)。 |

（注）税額控除限度額（所得税の25％相当額）は、認定 NPO 法人寄附金特別控除と公益社団法人等寄附金特別控除の額と合わせて判定する。
　　なお、政党等寄附金特別控除の税額控除限度額は、これとは別枠で判定する。

# 21 通勤手当の非課税限度額

通勤手当や通勤用定期乗車券（これらに類する手当や乗車券を含む）の支給は、次の表の区分に応じ、それぞれ1か月当たり次の表の金額までは非課税とされている（所法9①五、所令20の2）。

なお、通勤手当とは、通勤に必要な交通機関の利用又は交通用具の使用のために支出する費用に充てるものとして通常の給与に加算して支給するものをいう（所法9①五）。

| 区　　分 | | ～平成26年3月31日 | 平成26年4月1日～平成27年12月31日 | 平成28年1月1日～ |
|---|---|---|---|---|
| | | 課税されない金額 | 課税されない金額 | 課税されない金額 |
| ① 交通機関又は有料道路を利用している人に支給する通勤手当 | | 1か月当たりの合理的な運賃等の額（最高限度 100,000円） | 1か月当たりの合理的な運賃等の額（最高限度 100,000円） | 1か月当たりの合理的な運賃等の額（最高限度 150,000円） |
| ② 自動車や自転車などの交通用具を使用している人に支給する通勤手当 | 片道55km以上 | 24,500円(注) | 31,600円 | 31,600円 |
| | 片道45km以上55km未満 | | 28,000円 | 28,000円 |
| | 片道35km以上45km未満 | 20,900円(注) | 24,400円 | 24,400円 |
| | 片道25km以上35km未満 | 16,100円(注) | 18,700円 | 18,700円 |
| | 片道15km以上25km未満 | 11,300円(注) | 12,900円 | 12,900円 |
| | 片道10km以上15km未満 | 6,500円 | 7,100円 | 7,100円 |
| | 片道2km以上10km未満 | 4,100円 | 4,200円 | 4,200円 |
| | 片道2km未満 | 全額課税 | 全額課税 | 全額課税 |

| 区　　分 | 〜平成26年３月31日 | 平成26年４月１日〜平成27年12月31日 | 平成28年１月１日〜 |
|---|---|---|---|
| | 課税されない金額 | 課税されない金額 | 課税されない金額 |
| ③　交通機関を利用している人に支給する通勤用定期乗車券 | １か月当たりの合理的な運賃等の額（最高限度　100,000円） | １か月当たりの合理的な運賃等の額（最高限度　100,000円） | １か月当たりの合理的な運賃等の額（最高限度　150,000円） |
| ④　交通機関又は有料道路を利用するほか、交通用具も使用している人に支給する通勤手当や通勤用定期乗車券 | １か月当たりの合理的な運賃等の額と②の金額との合計額（最高限度　100,000円） | １か月当たりの合理的な運賃等の額と②の金額との合計額（最高限度　100,000円） | １か月当たりの合理的な運賃等の額と②の金額との合計額（最高限度　150,000円） |

（注）平成23年12月31日以前に受けるべき通勤手当のうち、交通用具利用者で通勤距離が片道15km以上の者が支給を受ける通勤手当の非課税限度は、その者が交通機関を利用したとしたならば負担することとなる１か月当たりの合理的な運賃等の額が距離比例額（上表の各金額）を超える場合には、その運賃等の額（最高限度　100,000円）とされていた。

所得税関係

通勤手当の非課税限度額

# 22 株式等を譲渡した場合の税率等

　株式等を譲渡した場合は、他の所得と区分して税金を計算する申告分離課税となるが、平成28年1月1日以後、株式等を譲渡した場合には、上場株式等と一般株式等（非上場株式等）は別々の分離課税制度となり、上場株式等と一般株式等（非上場株式等）との損益通算はできない（措法37の10、37の11）。

　また、特定口座制度（金融商品取引業者等が年間の譲渡損益を計算する制度）が設けられており、この特定口座での取引については、源泉徴収口座か簡易申告口座を選択することができる。源泉徴収口座を選択した場合にはその口座内における年間取引の譲渡損益及び配当等については、原則として、確定申告をする必要はない。ただし、他の口座での譲渡損益と相殺する場合、配当所得と損益通算する場合及び上場株式等に係る譲渡損失を繰越控除する特例の適用を受ける場合には、確定申告をする必要がある（措法37の11の2〜37の11の6、37の12の2）。

| 区　　分 | | | 確定申告の有無 | | 損益通算(注7)・繰越控除 | 〜平成24年分<br>税率 | 平成25年分<br>税率 | 平成26年分〜<br>税率 |
|---|---|---|---|---|---|---|---|---|
| | | | 譲渡（償還）益 | 譲渡（償還）損 | | | | |
| 上場株式等（特定公社債等を含む）(注1) | 金融商品取引業者等を通じた上場株式等の譲渡 | 特定口座（源泉徴収あり） | 不要(注2) | 不要(注3) | 可 | 10%<br>（所得税7%、住民税3%） | 10.147%<br>（所得税7.147%、住民税3%）<br>（復興特別所得税を含む） | 20.315%<br>（所得税15.315%、住民税5%）<br>（復興特別所得税を含む） |
| | | 特定口座（源泉徴収なし） | 必要 | | | | | |
| | | 一般口座 | | | | | | |
| | 上記以外の譲渡（相対取引による譲渡など） | | | 不要(注4) | 不可 | | | |
| 一般株式等の譲渡（一般公社債等）(注5) | | | 必要 | 不要(注6) | 不可 | 20%<br>（所得税15%、住民税5%） | 20.315%<br>（所得税15.315%、住民税5%）<br>（復興特別所得税を含む） | 20.315%<br>（所得税15.315%、住民税5%）<br>（復興特別所得税を含む） |
| 平成27年12月31日以前の公社債等(注8) | | | 非課税 | なかったものとみなす | 不可 | ― | ― | ― |

（注1）平成28年1月1日以後は上場株式等の範囲に特定公社債等（国債など一定の公社債や公社債投資信託等の受益権など）が追加。

（注２）他の上場株式等の譲渡損との内部通算及び前３年以内の株式等の繰越損失と相殺をする場合には申告が必要。

（注３）他の上場株式等の譲渡益との内部通算、上場株式等の利子・配当等との損益通算及び繰越控除をする場合には申告が必要。

（注４）他の上場株式等の譲渡益との内部通算をする場合には申告が必要。

（注５）平成28年１月１日以後は一般株式等の範囲に一般公社債等（特定公社債等以外の公社債）が追加。

（注６）他の一般株式等の譲渡益との内部通算をする場合には申告が必要。

（注７）配当所得との損益通算。

（注８）公社債等の償還差益は雑所得（総合課税）、特定の割引債の償還差益は雑所得（18.378％の源泉分離課税）であった。また、ゼロクーポン債の償還差益は雑所得（総合課税）、譲渡損益は、通常、譲渡所得（総合課税）であった。

# 23 配当所得に対する課税等

配当所得は、配当等の支払の際に次の表に掲げる株式等の区分に応じて所得税等が源泉徴収される。このうち、上場株式等の配当等（一定の大口株主等が受けるものを除く。以下同じ）については、総合課税のほかに、申告分離課税を選択することができる。なお、この場合、申告する上場株式等の配当等のすべてについて総合課税又は申告分離課税のいずれかを選択する必要がある（所法24、措法8の4、9の3）。

また、1回に支払を受ける配当等の額ごとに申告しないことを選択することもできる（措法8の5、9の2⑤）。ただし、源泉徴収選択口座内配当等については、口座ごとに選択する（措法37の11の6⑨）。

| 区　　　　　分 | | | | ～平成24年分 | 平成25年分 | 平成26年分～ |
|---|---|---|---|---|---|---|
| | | 確定申告 | | 源泉徴収税率 | 源泉徴収税率 | 源泉徴収税率 |
| ① 上場株式等の配当（大口以外）等(注1) | 選択 | 申告不要 | | 10%（所得税7%、住民税3%） | 10.147%（所得税7.147%、住民税3%）（復興特別所得税を含む） | 20.315%（所得税15.315%、住民税5%）（復興特別所得税を含む） |
| | | 申告する場合 | 総合課税 | 超過累進税率（源泉徴収は同上欄の10%） | 超過累進税率(注2)（源泉徴収は同上欄の10.147%） | 超過累進税率(注2)（源泉徴収は同上欄の20.315%） |
| | | | 申告分離課税(注3) | 10%（所得税7%、住民税3%） | 10.147%（所得税7.147%、住民税3%）（復興特別所得税を含む） | 20.315%（所得税15.315%、住民税5%）（復興特別所得税を含む） |
| ② ①以外の配当等 | 少額配当(注4) | 選択 | 申告不要(注5) | 20%（所得税20%） | 20.42%（所得税20.42%）（復興特別所得税を含む） | 20.42%（所得税20.42%）（復興特別所得税を含む） |
| | | | 申告する場合 総合課税 | 超過累進税率（源泉徴収は同上欄の20%） | 超過累進税率(注2)（源泉徴収は同上欄の20.42%） | 超過累進税率(注2)（源泉徴収は同上欄の20.42%） |
| | 少額配当以外 | | 総合課税 | 超過累進税率（源泉徴収は同上欄の20%） | 超過累進税率(注2)（源泉徴収は同上欄の20.42%） | 超過累進税率(注2)（源泉徴収は同上欄の20.42%） |

（注1）「上場株式等の配当（大口以外）等」とは、その株式等の保有割合3％未満（平23.9.30以前は5％未満）である者が支払を受ける配当をいう。

（注2）平成25年から令和19年までの各年分の所得税額に対して2.1％の復興特別所得税が課される。

（注3）申告分離課税を選択した上場株式等の配当所得については、配当控除の適用はない。

（注4）少額配当とは、1回に支払を受ける金額が下記の金額以下の配当をいう。

（10万円×配当計算期間の月数）÷12月

（注5）住民税は総合課税となり、申告が必要となる。

# 24 NISA制度

　非課税口座内の少額上場株式等に係る配当所得及び譲渡所得等の非課税措置（NISA）は、口座開設の年の1月1日現在20歳以上（令和5年分は18歳以上）の居住者又は国内に恒久的施設を有する非居住者を対象として、平成26年から令和5年までの間に、年間120万円（平成27年分以前は年間100万円）を上限として非課税口座内で取得した上場株式等の配当等やその上場株式等を売却したことにより生じた譲渡益が、非課税管理勘定が設けられた日の属する年の1月1日から最長5年間非課税となる制度である（措法9の8、37の14）。

　平成28年分より満20歳未満（令和5年分は18歳未満）の者を対象とするジュニアNISA制度が開始されている（措法9の9、37の14の2）。

　平成30年分よりつみたてNISA制度が開始されている（措法9の8、37の14）。

　これらの非課税措置を受けるためには、金融商品取引業者等に非課税口座を開設し、非課税管理勘定を設定する必要がある。

　令和6年分より、NISA制度について、「資産所得倍増」、「貯蓄から投資へ」の観点から、非課税保有期間を無期限化するなど、抜本的に拡充した上で恒久化される（措法9の8、37の14）。

　なお、非課税口座で取得した上場株式等を売却したことにより生じた損失はないものとみなされる。したがって、その上場株式等を売却したことにより生じた損失と、特定口座や一般口座で保有する上場株式等の配当等やその上場株式等を売却したことにより生じた譲渡益との損益通算や繰越控除をすることはできない。

| 区　　分 | | 平成26年分〜平成27年分 | 平成28年分〜令和4年分 | 令和5年分 |
|---|---|---|---|---|
| NISA | 対象者 | 20歳以上の居住者等 | | 18歳以上の居住者等 |
| | 対象 | 非課税口座内の少額上場株式等に係る配当所得及び譲渡所得 | | |
| | 年間投資上限額 | 100万円 | 120万円 | |
| | 非課税投資額 | 最大500万円（100万円×5年間） | 最大600万円（120万円×5年間） | |
| | 口座開設期間 | 平成26年から令和5年 | | |
| | 非課税期間 | 最長5年間 | | |
| | 非課税期間満了時の移管 | 非課税期間満了時に移管される上場株式等の時価が、年間投資上限額を超過している場合でも全ての上場株式等を移管できる | | |

| 区　　　分 | | 平成26年分～<br>平成27年分 | 平成28年分～<br>令和４年分 | 令和５年分 |
|---|---|---|---|---|
| ジュニア<br>NISA | 対象者 | ― | 20歳未満の居住者等 | 18歳未満の居住者等 |
| | 対象 | ― | 非課税口座内の少額上場株式等に係る配当所得及び譲渡所得 | |
| | 年間投資上限額 | ― | 80万円 | |
| | 非課税投資額 | ― | 最大400万円（80万円×５年間） | |
| | 口座開設期間 | ― | 平成28年<sup>(注)</sup>から令和５年 | |
| | 非課税期間 | ― | 最長５年間 | |
| | 運用管理 | ― | 親権者等の代理又は同意の下で投資、18歳になるまで原則として払出し不可 | |
| | 非課税期間満了時の移管 | ― | 非課税期間満了時に移管される上場株式等の時価が、年間投資上限額を超過している場合でも全ての上場株式等を移管できる | |

| 区　　　分 | | 平成26年分～<br>平成29年分 | 平成30年分～<br>令和４年分 | 令和５年分 |
|---|---|---|---|---|
| つみたて<br>NISA<sup>(注)</sup> | 対象者 | ― | 20歳以上の居住者等 | 18歳以上の居住者等 |
| | 対象 | ― | 非課税口座内にある一定の公募・上場株式投資信託の配当所得及び譲渡所得等 | |
| | 年間投資上限額 | ― | 40万円 | |
| | 非課税投資額 | ― | 最大800万円（40万円×20年間） | |
| | 口座開設期間 | ― | 平成30年から令和５年 | |
| | 非課税期間 | ― | 最長20年間 | |

（注）令和５年分までは NISA とつみたて NISA のいずれかを選択

| 区　　　分 | 令和６年分～ | |
|---|---|---|
| | つみたて投資枠　【併用可】 | 成長投資枠 |
| 対象者 | 18才以上の居住者等 | 同左 |
| 投資対象商品 | 積立・分散投資に適した一定の公募等株式投資信託（商品性について内閣総理大臣が告示で定める要件を満たしたものに限る） | 上場株式・公募株式投資信託等（高レバレッジ投資信託などを対象から除外） |
| 年間投資上限額 | 120万円 | 240万円 |
| 非課税保有限度額<br>（総枠） | 1,800万円　※簿価残高方式で管理（枠の再利用が可能） | |
| | | 1,200万円（内数） |
| 口座開設期間 | 制限なし（恒久化） | 同左 |
| 非課税保有期間 | 制限なし（無期限化） | 同左 |

# 25 ストックオプション税制

　ストックオプション税制は、取締役等(注1)若しくは当該取締役等の権利承継相続人又は特定従事者(注2)がストックオプションを行使した場合に、権利行使時の取得株式の時価と権利行使価額との差額に対する給与所得課税を株式譲渡時まで繰り延べ、株式譲渡時に譲渡価額と権利行使価額との差額を譲渡益課税とする制度である。通常は、無償ストックオプションを行使すると、現預金としての利益を得ていない権利行使時に給与所得として課税が発生するが、一定の要件を満たすストックオプション（税制適格ストックオプション）に該当する場合には、当該ストックオプションを行使して株式を取得した日の給与所得課税は行われず、その株式を譲渡した日の属する年分の株式譲渡益として所得税の課税対象となる（措法29の2）。

主な税制適格要件

| 区　　分 | ～令和5年分 | 令和6年分～ | | | |
|---|---|---|---|---|---|
| 権利行使期間 | 株主総会の付与決議の日後2年を経過した日からその付与決議の日後10年（設立5年未満の非上場スタートアップ企業が付与するものについては、令和5年4月1日以後15年）を経過する日までの間 | | | | |
| 年間行使上限 | 1,200万円 | | | 非上場 | 上場 |
| | | 設立5年未満 | | 2,400万円 | 2,400万円 |
| | | 設立5年以上20年未満 | 非上場 | 3,600万円 | － |
| | | | 上場後5年未満 | － | 3,600万円 |
| | | | 上場後5年以上 | － | 1,200万円 |
| | | 設立20年以上 | | 1,200万円 | 1,200万円 |
| 権利行使価額 | 1株当たりの権利行使価額は、その付与契約締結時におけるその株式会社の株式の1株当たりの価額相当額以上であること | | | | |
| 譲渡禁止 | 新株予約権については、譲渡してはならないこととされていること | | | | |
| 保管委託等 | 取得した株式は証券会社等に保管委託等がされていること | 取得した株式は証券会社等に保管委託等がされていること（譲渡制限株式については発行会社による株式の管理等がされる場合には、発行会社による株式の管理がされることとの選択適用） | | | |

（注１）取締役等とは、会社法第238条第２項の決議により新株予約権（無償で発行されたものに限る）を与えられる者とされた当該決議のあった株式会社若しくは当該株式会社がその発行済株式若しくは出資の総数若しくは総額の50％を超える数若しくは金額の株式若しくは出資を直接若しくは間接に保有する関係その他の一定の関係にある法人の取締役、執行役若しくは使用人である個人（大口株主及び大口株主の特別関係者を除く。）をいう。

（注２）中小企業等経営強化法施行規則の改正を前提に、同法の施行日から、適用対象となる特定従事者に係る要件について、次の見直しが行われる。

　１　認定新規中小企業者等に係る要件のうち「新事業活動に係る投資及び指導を行うことを業とする者が新規中小企業者等の株式を最初に取得する時において、資本金の額が５億円未満かつ常時使用する従業員の数が900人以下の会社であること」との要件が廃止される。

　２　社外高度人材に係る要件について、「３年以上の実務経験があること」との要件を、上場企業の役員については「１年以上の実務経験があること」とし、国家資格を有する者、博士の学位を有する者及び高度専門職の在留資格をもって在留している者については廃止される。

　３　社外高度人材の範囲に、教授及び准教授や上場企業の重要な使用人として１年以上の実務経験のある者等が加えられる。

# 26 財産債務調書

　所得税の確定申告書を提出すべき者は、その年分の総所得金額及び山林所得金額の合計額が2,000万円を超え、かつ、その年の12月31日においてその価額の合計額が3億円以上の財産又はその価額の合計額が1億円以上の国外転出特例対象財産を有する場合には、その財産の種類、数量及び価額並びに債務の金額その他必要な事項を記載した調書（財産債務調書）を、その年の翌年の3月15日（令和5年分以後は6月30日）までに、所轄税務署長に提出しなければならない（国外送金等調書法6の2、6の3）。

| 区　　分 | 〜平成24年分 | 平成25年分〜平成26年分 | 平成27年分〜令和4年分(注1) | 令和5年分〜 |
|---|---|---|---|---|
| 名　　称 | 財産及び債務の明細書 | 財産及び債務の明細書 | 財産債務調書 | |
| 提出基準 | その年分の総所得金額及び山林所得金額の合計額が2,000万円超 | その年分の総所得金額及び山林所得金額の合計額が2,000万円超 | その年分の退職所得を除く各種所得金額の合計額が2,000万円超、かつ、その年の12月31日において、その価額の合計額が3億円以上の財産又はその価額の合計額が1億円以上の国外転出特例対象財産を有する者 | ①　その年分の退職所得を除く各種所得金額の合計額が2,000万円超、かつ、その年の12月31日において、その価額の合計額が3億円以上の財産又はその価額の合計額が1億円以上の国外転出特例対象財産を有する者<br>②　その年の12月31日において有する財産の価額の合計額が10億円以上である者 |
| 記載事項 | 財産の種類、数量及び価額 | 財産の種類、数量及び価額 | 財産の種類、数量、価額、所在、有価証券の銘柄等 | |

| 区　　分 | 〜平成24年分 | 平成25年分〜<br>平成26年分 | 平成27年分〜<br>令和４年分<sup>(注1)</sup> | 令和５年分〜 |
|---|---|---|---|---|
| 財産の評価 | 見積価額等（有価証券等については額面金額等） | 見積価額等（有価証券等についてはその年の12月31日現在の価額（市場価格がなく、計算が困難なものは、その取得価額）） | その年の12月31日における「時価」又は時価に準ずるものとして合理的に算定された「見積価額」<sup>(注2)</sup>による。有価証券等については取得価額の記載も要する。 | |
| 過少申告加算税等の特例 | ― | ― | ① 提出された財産債務調書に記載がある部分については、所得税・相続税の申告漏れが生じたときであっても、過少申告加算税等が５％減額される。<br>② 財産債務調書の提出がない場合又は提出した財産債務調書に財産債務の記載がない場合（記載が不十分な場合を含む）に所得税の申告漏れが生じたときは、過少申告加算税等が５％加重される。 | |

（注１）平成28年１月１日以後に提出すべき財産債務調書について適用され、平成28年１月１日前に提出すべき財産及び債務の明細書については、なお従前の例による。

（注２）「時価」とは、その年の12月31日における財産の現況に応じ、不特定多数の当事者間で自由な取引が行われる場合に通常成立すると認められる価額をいい、その価額は、専門家による鑑定評価額、金融商品取引所等の公表する同日の最終価格（同日の最終価格がない場合には、同日前の最終価格のうち同日に最も近い日の価額）などをいう。

「見積価額」とは、その年の12月31日における財産の現状に応じ、その財産の取得価額や売買実例価額などを基に、合理的な方法により算定した価額をいう。

（注３）令和２年分以後の財産債務調書については、相続の開始の日の属する年の12月31日においてその有する財産に係る財産債務調書は、その相続又は遺贈により取得した財産（以下「相続財産」という）を記載しないで提出することができる。この場合において、財産債務調書の提出義務は、財産の価額の合計額からその相続財産の価額の合計額を除外して判定する。

# 27 国外財産調書

その年の12月31日において、その価額の合計額が5,000万円を超える国外財産を有する居住者（非永住者を除く）は、その財産の種類、数量及び価額その他必要な事項を記載した調書を、翌年の3月15日（令和5年分以後は6月30日）までに、所轄税務署長に提出しなければならない（国外送金等調書法5、6、10）。

| 区　　　分 | | 〜平成24年分 | 平成25年分〜 |
|---|---|---|---|
| 提出基準 | | — | その年の12月31日において、その価額の合計額が5,000万円を超える国外財産を有する居住者（非永住者を除く） |
| 提出期限 | | — | その年の翌年の3月15日 |
| 国外財産の所在の判定《財産の種類》 | 不動産又は動産 | — | その不動産又は動産の所在地 |
| | 預金、貯金又は積金 | — | その預金、貯金又は積金の受入れをした営業所又は事務所の所在地 |
| | 有価証券（公社債等又は株式） | — | その有価証券の発行法人の本店又は主たる事務所の所在地。ただし、金融商品取引業者等の口座に保管されているものについては、その口座が開設された金融商品取引業者等の営業所又は事務所の所在地 |
| 国外財産の価額 | | — | その年の12月31日における「時価」又は時価に準ずるものとして合理的に算定された「見積価額」<sup>(注1)</sup>による。「邦貨換算額」は、同日における「外国為替相場の売買相場」による。 |
| 記載事項 | | — | 提出者の氏名、住所（又は居所）に加え、国外財産の種類、数量、価額、所在等を記載する。国外財産に関する事項については、「種類別」、「用途別」（一般用及び事業用）、「所在別」に記載する必要がある。 |

| 区　　　分 | 〜平成24年分 | | 平成25年分〜 |
|---|---|---|---|
| 過少申告加算税等の特例や罰則<sup>(注2)</sup> | ― | ① | 国外財産調書を提出期限内に提出した場合には、国外財産調書に記載がある国外財産に関して所得税・相続税の申告漏れが生じたときであっても、過少申告加算税等が5％減額される<sup>(注4)</sup>。 |
| | ― | ② | 国外財産調書の提出が提出期限内にない場合又は提出期限内に提出した国外財産調書に国外財産の記載がない場合（記載が不十分な場合を含む）にその国外財産に関して所得税の申告漏れが生じたときは、過少申告加算税等が5％加重される<sup>(注4)</sup>。 |
| | ― | ③ | 国外財産調書に偽りの記載をして提出した場合又は正当な理由なく期限内に提出しなかった場合には、1年以下の懲役又は50万円以下の罰金が科される（情状免除規定有り）。 |

（注1）「時価」とは、その年の12月31日における財産の現況に応じ、不特定多数の当事者間で自由な取引が行われる場合に通常成立すると認められる価額をいい、その価額は、専門家による鑑定評価額、金融商品取引所等の公表する同日の最終価格（同日の最終価格がない場合には、同日前の最終価格のうち同日に最も近い日の価額）などをいう。
　　　　「見積価額」とは、その年の12月31日における財産の現状に応じ、その財産の取得価額や売買実例価額などを基に、合理的な方法により算定した価額をいう。
（注2）①、②については、平成26年1月1日以後に提出すべき国外財産調書について適用される。
　　　　③については、平成27年1月1日以後に提出すべき国外財産調書に係る違反行為について適用される。
（注3）令和2年分以後の国外財産調書については、相続の開始の日の属する年の12月31日においてその有する国外財産に係る国外財産調書は、その相続又は遺贈により取得した国外財産（以下「相続国外財産」という）を記載しないで提出することができる。この場合において、国外財産調書の提出義務は、国外財産の価額の合計額からその相続国外財産の価額の合計額を除外して判定する。
（注4）国外財産を有する者が、国税庁等の当該職員から国外財産調書に記載すべき国外財産の取得、運用又は処分に係る書類のうち、その者が通常保存し、又は取得することができると認められるものの提示又は提出を求められた場合において、その提示又は提出を求められた日から60日を超えない範囲内においてその提示又は提出の準備に通常要する日数を勘案して当該職員が指定する日までにその提示又は提出をしなかったとき（その者の責めに帰すべき事由がない場合を除く）における加算税の軽減措置及び加重措置の適用は、次のとおり（令和2年分以後の所得税又は令和2年4月1日以後に相続若しくは遺贈により取得する財産に係る相続税について適用）。
　　⑴　その国外財産に係る加算税の軽減措置は、適用しない。
　　⑵　その国外財産に係る加算税の加重措置は、その加算割合を10％とする。

# 1 納税義務者

(1) 無制限納税義務者

　無制限納税義務者とは、相続税法第1条の3第1項第1号又は第1条の4第1項第1号に掲げる「居住無制限納税義務者」又は相続税法第1条の3第1項第2号又は第1条の4第1項第2号に掲げる「非居住無制限納税義務者」をいう。

　無制限納税義務者は、相続若しくは遺贈又は贈与により取得した財産の所在地がどこにあるかにかかわらず、取得した財産の全部に対して相続税又は贈与税の納税義務を負う（国内財産と国外財産の全財産が課税）。

(2) 制限納税義務者

　制限納税義務者とは、相続税法第1条の3第1項第3号又は第1条の4第1項第3号に掲げる「居住制限納税義務者」又は相続税法第1条の3第1項第4号又は第1条の4第1項第4号に掲げる「非居住制限納税義務者」をいう。

　制限納税義務者は、相続若しくは遺贈又は贈与により取得した財産のうち、法施行地にあるものに対してだけ相続税又は贈与税の納税義務を負う（国内財産のみ課税）。

(3) 特定納税義務者

　特定納税義務者とは、相続又は遺贈により財産を取得しなかった個人で、被相続人から相続時精算課税の適用を受ける財産を贈与により取得していた者をいう。

　特定納税義務者は、その相続時精算課税の適用を受けた財産について納税義務を負う。

　課税時期における納税義務者の範囲は、次のとおり。

課税時期：平成12年3月31日以前

| 被相続人 贈与者（国籍を問わない） ＼ 相続人 受遺者 受贈者 | 国内に住所あり | 国内に住所なし |
|---|---|---|
| 国内に住所あり | 無制限納税義務者 | 制限納税義務者 |
| 国内に住所なし | 無制限納税義務者 | 制限納税義務者 |

課税時期：平成12年4月1日～平成25年3月31日

| 被相続人 贈与者（国籍を問わない） ＼ 相続人 受遺者 受贈者 | | 国内に住所あり | 国内に住所なし 日本国籍あり 課税時期前5年以内に国内に住所あり | 国内に住所なし 日本国籍あり 課税時期前5年を超えて国内に住所なし | 国内に住所なし 日本国籍なし |
|---|---|---|---|---|---|
| 国内に住所あり | | 居住無制限納税義務者 | 非居住無制限納税義務者 | 非居住無制限納税義務者 | 制限納税義務者 |
| 国内に住所なし | 課税時期前5年以内に国内に住所あり | 居住無制限納税義務者 | 非居住無制限納税義務者 | 非居住無制限納税義務者 | 制限納税義務者 |
| | 課税時期前5年を超えて国内に住所なし | 居住無制限納税義務者 | 非居住無制限納税義務者 | 非居住無制限納税義務者 | 制限納税義務者 |

課税時期：平成25年4月1日～平成29年3月31日

| 被相続人 贈与者（国籍を問わない） ＼ 相続人 受遺者 受贈者 | | 国内に住所あり | 国内に住所なし 日本国籍あり 課税時期前5年以内に国内に住所あり | 国内に住所なし 日本国籍あり 課税時期前5年を超えて国内に住所なし | 国内に住所なし 日本国籍なし |
|---|---|---|---|---|---|
| 国内に住所あり | | 居住無制限納税義務者 | 非居住無制限納税義務者 | 非居住無制限納税義務者 | 非居住無制限納税義務者 |
| 国内に住所なし | 課税時期前5年以内に国内に住所あり | 居住無制限納税義務者 | 非居住無制限納税義務者 | 非居住無制限納税義務者 | 制限納税義務者 |
| | 課税時期前5年を超えて国内に住所なし | 居住無制限納税義務者 | 非居住無制限納税義務者 | 制限納税義務者 | 制限納税義務者 |

課税時期：平成29年4月1日～平成30年3月31日

| 被相続人 贈与者 ＼ 相続人 受遺者 受贈者 | 国内に住所あり | 国内に住所なし | | 国内に住所なし |
| --- | --- | --- | --- | --- |
| | 一時居住者(注1) | 日本国籍あり | | 日本国籍なし |
| | | 課税時期前10年以内に国内に住所あり | 課税時期前10年以内に国内に住所なし | |
| 国内に住所あり | 居住制限納税義務者 | 非居住無制限納税義務者 | 非居住制限納税義務者 (注3) | 非居住制限納税義務者 |
| 一時居住者(注1) | 居住制限納税義務者 | 非居住無制限納税義務者 (注3) | 非居住制限納税義務者 | 非居住制限納税義務者 |
| 国内に住所なし ／ 課税時期前10年以内に国内に住所あり（国籍の有無を問わない） | 居住無制限納税義務者 | 非居住無制限納税義務者 | 非居住無制限納税義務者 | (注3) |
| 短期滞在の外国人(注2) | 居住制限納税義務者 | 非居住無制限納税義務者 | 非居住制限納税義務者 | 非居住制限納税義務者 |
| 課税時期前10年以内に国内に住所なし（国籍の有無を問わない） | 居住制限納税義務者 | 非居住無制限納税義務者 | 非居住制限納税義務者 | 非居住制限納税義務者 |

（注1）出入国管理及び難民認定法別表第1の在留資格で滞在している者で、課税時期前15年以内において国内に住所を有していた期間の合計が10年以下の者

（注2）日本国籍のない者で、課税時期前15年以内において国内に住所を有していた期間の合計が10年以下の者

（注3）平成29年4月1日から令和4年3月31日までの間に非居住外国人（平成29年4月1日から相続若しくは遺贈又は贈与の時まで引き続き国内に住所を有しない者であって日本国籍を有しない者）から相続若しくは遺贈又は贈与により財産を取得した場合は、非居住制限納税義務者。

課税時期：平成30年４月１日～令和３年３月31日

| 被相続人<br>贈与者 \ 相続人<br>受遺者<br>受贈者 | 国内に住所あり | 国内に住所なし | | |
|---|---|---|---|---|
| | 一時居住者(注1) | 日本国籍あり | | 日本国籍<br>なし |
| | | 課税時期前10<br>年以内に国内<br>に住所あり | 課税時期前10<br>年以内に国内<br>に住所なし | |
| **国内に住所あり** | 居住無制限納税<br>義務者 | 非居住無制限納税義務者 | | |
| 一時居住者(注1) | 居住制限<br>納税義務者 | 非居住制限<br>納税義務者 | | |
| **国内に<br>住所なし** 課税時期前10年以内に国<br>内に住所あり | 居住無制限納税<br>義務者 | 非居住無制限納税義務者 | | |
| 相続税<br>外国人<br><br>贈与税<br>短期滞在外国人(注2)<br>長期滞在外国人(注3) | 居住制限<br>納税義務者 | 非居住制限<br>納税義務者 | | |
| 課税時期前10年以内に国<br>内に住所なし | | | | |

（注１）出入国管理及び難民認定法別表第１の在留資格で滞在している者で、課税時期前15年以内に
　　　　おいて国内に住所を有していた期間の合計が10年以下の者

（注２）出国前15年以内において国内に住所を有していた期間の合計が10年以下の外国人

（注３）出国前15年以内において国内に住所を有していた期間の合計が10年超の外国人で出国後２
　　　　年を経過した者

課税時期：令和3年4月1日以後

| 被相続人・贈与者 ＼ 相続人・受遺者・受贈者 | 国内に住所あり | 国内に住所なし | | |
|---|---|---|---|---|
| | 一時居住者(注1) | 日本国籍あり | | 日本国籍なし |
| | | 課税時期前10年以内に国内に住所あり | 課税時期前10年以内に国内に住所なし | |
| **国内に住所あり** 〔国内に住所あり〕 | 居住無制限納税義務者 | 非居住無制限納税義務者 | 非居住無制限納税義務者 | 非居住無制限納税義務者 |
| **国内に住所あり** 〔外国人被相続人(注2)／外国人贈与者(注2)〕 | 居住制限納税義務者 | 非居住無制限納税義務者 | 非居住制限納税義務者 | 非居住制限納税義務者 |
| **国内に住所なし** 〔課税時期前10年以内に国内に住所あり〕 | 居住無制限納税義務者 | 非居住無制限納税義務者 | 非居住無制限納税義務者 | 非居住無制限納税義務者 |
| **国内に住所なし** 〔非居住被相続人(注3)／非居住贈与者(注3)〕 | 居住制限納税義務者 | 非居住無制限納税義務者 | 非居住制限納税義務者 | 非居住制限納税義務者 |
| **国内に住所なし** 〔課税時期前10年以内に国内に住所なし〕 | 居住制限納税義務者 | 非居住無制限納税義務者 | 非居住制限納税義務者 | 非居住制限納税義務者 |

（注1）出入国管理及び難民認定法別表第1の在留資格で滞在している者で、課税時期前15年以内において国内に住所を有していた期間の合計が10年以下の者

（注2）出入国管理及び難民認定法別表第1の在留資格で滞在している者

（注3）国内に住所を有していた期間、日本国籍を有していない者

相続税・贈与税関係　納税義務者

65

# 2　基礎控除

　相続税の総額を計算する場合においては、被相続人から相続又は遺贈により財産を取得した全ての者に係る相続税の課税価格の合計額から、3,000万円と600万円に法定相続人の数を乗じて算出した金額との合計額を控除する（相法15）。

　なお、法定相続人の数は、相続を放棄した者があっても、その放棄がなかったものとした場合の相続人の数となる。また、法定相続人の中に養子がいる場合の法定相続人の数に含めることができる養子の数は、次の表のとおりとなる（相法15）。

| 平成26年12月31日以前相続開始 | 平成27年1月1日以後相続開始 |
|---|---|
| 5,000万円＋（1,000万円×法定相続人の数） | 3,000万円＋（600万円×法定相続人の数） |

（注）法定相続人の数に含めることができる養子の数

| 被相続人に実子あり | 養子のうち　1人 |
|---|---|
| 被相続人に実子なし | 養子のうち　2人 |

# 3 相続税の税額（速算表）

　相続税の総額は、正味の遺産額から基礎控除額を控除した残額を民法に定める相続分によりあん分した額に税率を乗じて計算した金額を合計して算出する。この場合、民法に定める相続分は基礎控除額を計算するときに用いる法定相続人の数に応じた相続分（法定相続分）により計算する。実際の計算に当たっては、法定相続分によりあん分した法定相続分に応ずる取得金額を次の表に当てはめて計算し、算出された金額が相続税の総額の基となる税額となる（相法16）。

| 各法定相続人の<br>取得金額 | 平成26年12月31日以前相続開始 | | 平成27年1月1日以後相続開始 | |
|---|---|---|---|---|
| | 税　率 | 控除額 | 税　率 | 控除額 |
| ～1,000万円以下 | 10% | 0円 | 10% | 0円 |
| 1,000万円超～3,000万円以下 | 15% | 50万円 | 15% | 50万円 |
| 3,000万円超～5,000万円以下 | 20% | 200万円 | 20% | 200万円 |
| 5,000万円超～1億円以下 | 30% | 700万円 | 30% | 700万円 |
| 1億円超～2億円以下 | 40% | 1,700万円 | 40% | 1,700万円 |
| 2億円超～3億円以下 | | | 45% | 2,700万円 |
| 3億円超～6億円以下 | 50% | 4,700万円 | 50% | 4,200万円 |
| 6億円超 | | | 55% | 7,200万円 |

# 4 相続の開始前に贈与があった場合の相続税額

　相続又は遺贈により財産を取得した者が、相続の開始前3年（令和6年1月1日以後の贈与は7年）以内に被相続人から贈与により財産を取得したことがある場合には、その者については、贈与により取得した財産（非課税財産及び特定贈与財産を除く。）の価額を相続税の課税価格に加算し、その価額を相続税の課税価格とみなして相続税の総額や各相続人等の相続税額を計算する（相法19）。

　なお、贈与により取得した財産について課された贈与税額は、相続税額から控除する。

| | 令和5年12月31日までの贈与 | 令和6年1月1日以後の贈与 |
|---|---|---|
| 加算期間 | 相続開始前3年以内 | 相続開始前7年以内<sup>(注)</sup> |
| 相続税の課税価格に加算する財産の価額 | 贈与により取得した額 | 贈与により取得した額 ただし、3年超7年以内に贈与により取得した財産については、合計額から100万円を控除した残額 |

（注）令和6年1月1日から令和8年12月31日までの間に相続又は遺贈により財産を取得する者については、相続の開始前3年以内。

　　令和9年1月1日から令和12年12月31日までの間の相続又は遺贈により財産を取得する者については、令和6年1月1日から相続の開始の日までの間。

# 5 未成年者控除・障害者控除

(1) 未成年者控除

　相続又は遺贈により財産を取得した者が満18歳（令和４年３月31日以前は20歳）未満の相続人（相続の放棄があった場合には、その放棄がなかったものとした場合の相続人）である場合には、一定の要件の下で、相続税の額から一定の金額を控除する（相法19の３）。

(2) 障害者控除

　相続又は遺贈により財産を取得した者が85歳未満の障害者で、かつ、相続人（相続の放棄があった場合には、その放棄がなかったものとした場合の相続人）である場合には、一定の要件の下で、相続税の額から一定の金額を控除する（相法19の４）。

| 区　　分 | 平成26年12月31日以前<br>相続開始 | 平成27年１月１日以後<br>令和４年３月31日以前<br>相続開始 | 令和４年４月１日以後<br>相続開始 |
|---|---|---|---|
| 未成年者控除 | 20歳までの１年につき<br>６万円 | 20歳までの１年につき<br>10万円 | 18歳までの１年につき<br>10万円 |
| 障害者控除 | 85歳までの１年につき<br>６万円<br>（特別障害者12万円） | 85歳までの１年につき<br>10万円<br>（特別障害者20万円） | 85歳までの１年につき<br>10万円<br>（特別障害者20万円） |

# 6 小規模宅地等についての相続税の課税価格の計算の特例

相続又は遺贈により取得した財産のうちに、その相続開始の直前において被相続人若しくは被相続人と生計を一にしていた被相続人の親族（以下「被相続人等」という）の事業の用又は居住の用に供されていた宅地等で建物や構築物の敷地の用に供されているものがある場合には、相続人等が取得したこれらの宅地等のうち限度面積までの部分については、相続税の課税価格に算入すべき価額の計算上、一定の割合を減額する（措法69の4、措令40の2）。

なお、本特例の適用を受ける場合、項目14（個人事業者の事業用資産についての相続税・贈与税の納税猶予及び免除の特例）の適用に制限がある。

| 相続開始の直前における宅地等の利用区分 | 要　件 | | 平成22年3月31日以前相続開始 | | 平成26年12月31日以前相続開始 | | 平成27年1月1日以後相続開始 | |
|---|---|---|---|---|---|---|---|---|
| | | | 上限面積 | 減額割合 | 上限面積 | 減額割合 | 上限面積 | 減額割合 |
| 被相続人等の居住の用に供されていた宅地等 | 特定居住用宅地等に該当する宅地等 | 居住（保有）継続(注2) | 240㎡ | 80% | 240㎡ | 80% | 330㎡ | 80% |
| | | 非継続 | 200㎡ | 50% | — | — | — | — |
| 被相続人等の事業の用に供されていた宅地等 | 貸付事業(注1)以外の事業用宅地等 特定事業用宅地等に該当する宅地等 | 事業（保有）継続 | 400㎡ | 80% | 400㎡ | 80% | 400㎡ | 80% |
| | | 非継続 | 200㎡ | 50% | — | — | — | — |
| | 貸付事業用の宅地等 特定同族会社事業用宅地等に該当する宅地等（一定の法人(注3)の事業（貸付事業を除く）の用に供されていたものに限る） | 事業（保有）継続 | 400㎡ | 80% | 400㎡ | 80% | 400㎡ | 80% |
| | | 非継続 | 200㎡ | 50% | — | — | — | — |
| | 貸付事業用宅地等に該当する宅地等 | 事業（保有）継続 | 200㎡ | 50% | 200㎡ | 50% | 200㎡ | 50% |
| | | 非継続 | 200㎡ | 50% | — | — | — | — |

（注1）「貸付事業」とは、「不動産貸付業」、「駐車場業」、「自転車駐車場業」及び事業と称するに至らない不動産貸付けその他これに類する行為で相当の対価を得て継続的に行う「準事業」をいう。

（注2）配偶者が取得した場合には、居住（保有）継続の要件はない。

（注3）「一定の法人」とは、相続開始の直前において被相続人及び被相続人の親族等が法人の発行済株式総数又は出資の総額の50％超を有している場合におけるその法人（相続税の申告期限において清算中の法人を除く）をいう。

（注４）主な改正（平成30年４月１日以後）

　　　配偶者及び被相続人と同居していた親族がいない場合の相続人等の要件が、相続開始前３年以内に自己、自己の配偶者、３親等内の親族又は特別の関係がある法人が所有する国内にある家屋に居住したことないこと及び相続開始時に居住している家屋を過去に所有していたことがないこととされた。ただし、経過措置として、平成30年３月31日において旧租税特別措置法第69条の４第３項第２号ロの要件を満たした宅地等を令和２年３月31日までに相続等により取得する場合には、特例が適用される。

　　　相続開始前３年以内に貸付事業の用に供された宅地等（相続開始前３年を超えて事業的規模で貸付事業を行っている者が当該貸付事業の用に供しているものは除く）が、貸付事業用宅地等の対象から除外される。ただし、経過措置として、平成30年３月31日までに貸付事業の用に供された宅地等については、特例が適用される。

（注５）主な改正（平成31年４月１日以後）

　　　相続開始前３年以内に事業の用に供された宅地等（当該宅地等の上で事業の用に供されている減価償却資産の価額が、当該宅地等の相続時の価額の15％以上である場合を除く）については特例の対象から除外される。ただし、経過措置として、平成31年３月31日までに事業の用に供された宅地等については、特例が適用される。

併用の場合の限度面積

| | 平成26年12月31日以前相続開始 | 平成27年１月１日以後相続開始 |
|---|---|---|
| ２以上の宅地等を選択する場合の限度面積 | $A + B \times \dfrac{5}{3} + C \times 2 \leqq 400㎡$ | 選択する宅地等が特定事業用宅地等（特定同族会社事業用宅地等を含む）と特定居住用宅地等の場合 |
| | | $A \leqq 400㎡ \cdot B \leqq 330㎡$　合計730㎡ |
| | | 特例を適用する宅地等のうちに、貸付事業用宅地等がある場合 |
| | | $A \times \dfrac{200}{400} + B \times \dfrac{200}{330} + C \leqq 200㎡$ |

（注）Ａ：特定事業用宅地等又は特定同族会社事業用宅地等、Ｂ：特定居住用宅地等、Ｃ：貸付事業用宅地等

## 注意点

　相続開始前３年以内に贈与により取得した宅地等や相続時精算課税に係る贈与により取得した宅地等については、この特例の適用を受けることはできない（措通69の4-1）。

# 7 相続税の計算（非嫡出子）

　平成25年9月5日以後、申告（期限内申告、期限後申告及び修正申告をいう）又は処分により相続税額を確定する場合（平成13年7月以後に開始された相続に限る）においては、「嫡出でない子の相続分は、嫡出である子の相続分の2分の1」とする旧民法第900条第4号ただし書前段（嫡出に関する規定）がないものとして旧民法第900条第4号の規定を適用した相続分に基づいて相続税額を計算する。

　なお、平成25年12月5日、民法の一部を改正する法律が成立し、非嫡出子の相続分が嫡出子の相続分と同等になっている（同月11日公布・施行、平成25年9月5日以後に開始した相続について適用）。

| 平成25年9月4日以前に 相続税額が確定している場合 | 平成25年9月5日以後に 相続税額が確定する場合 |
|---|---|
| 非嫡出子の相続分は嫡出子の相続分の2分の1（旧民法第900条第4号ただし書前段の規定）とする旧民法の規定に基づいて相続税額を計算 | 非嫡出子の相続分は嫡出子と同等であるとして相続税額を計算 |

# 8 相続税の課税（特定一般社団法人等・特別寄与料）

(1) 特定一般社団法人等

　平成30年４月１日以後、特定一般社団法人等の理事（特定一般社団法人等の理事でなくなった日から５年を経過していない者を含む）である者が死亡した場合には、その特定一般社団法人等の純資産額（相続税評価額）をその時における同族理事の数に１を加えた数で除して計算した金額に相当する金額を当該被相続人から遺贈により取得したものと、当該特定一般社団法人等は個人とそれぞれみなして、当該特定一般社団法人等に相続税を課する（相法66の２）。

　特定一般社団法人等とは、次のいずれかに該当する一般社団法人等をいう。

---

① 　相続開始の直前における同族理事数の総理事数に占める割合が２分の１を超える
② 　相続開始前５年以内において、同族理事数の総理事数に占める割合が２分の１を超える期間の合計が３年以上

---

　同族理事とは、一般社団法人等の理事のうち次の者をいう。

---

① 　被相続人
② 　被相続人の配偶者又は３親等以内の親族
③ 　その他被相続人と特殊な関係にある者（被相続人が役員となっている会社の従業員等）

---

(2) 特別寄与料

　令和元年７月１日以後、特別寄与者が支払を受けるべき特別寄与料の額が確定した場合においては、当該特別寄与者が、当該特別寄与料の額に相当する金額を当該特別寄与者による特別の寄与を受けた被相続人から遺贈により取得したものとみなす（相法４）。

# 9 配偶者居住権等の評価

　民法（相続関係）の改正に伴い相続税における配偶者居住権（令和2年4月1日に施行）等の評価方法が次のように定められた（相法23の2）。

　なお、配偶者居住権とは、配偶者が相続開始時に居住していた被相続人所有の建物について、終身又は一定の期間、無償で使用し続けることを認める権利のことをいう。

| 項　　　　目 | 評　価　方　法 |
|---|---|
| (1)　配偶者居住権 | 建物の時価(注1)－建物の時価×（残存耐用年数(注2)－存続年数(注3)）／残存耐用年数×存続年数に応じた民法の法定利率による複利現価率 |
| (2)　配偶者居住権が設定された建物（以下「居住建物」という）の所有権 | 建物の時価－配偶者居住権の価額 |
| (3)　配偶者居住権に基づく居住建物の敷地の利用に関する権利 | 土地等の時価－土地等の時価(注1)×存続年数に応じた民法の法定利率による複利現価率 |
| (4)　居住建物の敷地の所有権等 | 土地等の時価－敷地の利用に関する権利の価額 |

（注1）「建物の時価」及び「土地等の時価」は、それぞれ配偶者居住権が設定されていない場合の建物の時価又は土地等の時価とする。
（注2）「残存耐用年数」とは、居住建物の所得税法に基づいて定められている耐用年数（住宅用）に1.5を乗じて計算した年数から居住建物の築後経過年数を控除した年数をいう。
（注3）「存続年数」とは、次に掲げる場合の区分に応じそれぞれ次に定める年数をいう。
　（イ）配偶者居住権の存続期間が配偶者の終身の間である場合…配偶者の平均余命年数
　（ロ）（イ）以外の場合…遺産分割協議等により定められた配偶者居住権の存続期間の年数（配偶者の平均余命年数を上限とする）
（注4）残存耐用年数又は残存耐用年数から存続年数を控除した年数が零以下となる場合には、上記(1)の「（残存耐用年数－存続年数）／残存耐用年数」は、零とする。

# 10 贈与税の税額（速算表）

　贈与税の税額は、贈与税の配偶者控除額（2,000万円）及び基礎控除額（110万円）を差し引いた後の課税価格に税率を乗じて計算する（相法21の2、21の5、21の7、措法70の2の4、70の2の5）。

　なお、同一年中に一般贈与と特例贈与（18歳以上の者が直系尊属より受ける贈与）の両方の贈与がある場合の税額計算は次のとおり（措法70の2の5③）。

　その年分の贈与税額　＝　①　＋　②

　①　基礎控除等[注1]の控除後の課税価格に　　　　　特例贈与財産の価額
　　　特例贈与の税率を適用して計算した贈与税額　×　─────────
　　　　　　　　　　　　　　　　　　　　　　　　　　合計贈与価額[注2]

　②　基礎控除等[注1]の控除後の課税価格に　　　　　一般贈与財産の価額[注3]
　　　一般贈与の税率を適用して計算した贈与税額　×　─────────
　　　　　　　　　　　　　　　　　　　　　　　　　　合計贈与価額[注2]

（注1）基礎控除（110万円）及び贈与税の配偶者控除（2,000万円）
（注2）特例贈与財産の価額と一般贈与財産の価額の合計額
（注3）贈与税の配偶者控除後の金額

| 基礎控除後の課税価格 | 平成26年12月31日以前の贈与 | | 平成27年1月1日以後の贈与 | | | |
|---|---|---|---|---|---|---|
| | | | 一般贈与 | | 特例贈与 | |
| | 税率 | 控除額 | 一般税率（一般贈与財産）[注] | 控除額 | 特例税率（特例贈与財産）[注] | 控除額 |
| ～200万円以下 | 10% | 0万円 | 10% | 0万円 | 10% | 0万円 |
| 200万円超～300万円以下 | 15% | 10万円 | 15% | 10万円 | 15% | 10万円 |
| 300万円超～400万円以下 | 20% | 25万円 | 20% | 25万円 | | |
| 400万円超～600万円以下 | 30% | 65万円 | 30% | 65万円 | 20% | 30万円 |
| 600万円超～1,000万円以下 | 40% | 125万円 | 40% | 125万円 | 30% | 90万円 |
| 1,000万円超～1,500万円以下 | 50% | 225万円 | 45% | 175万円 | 40% | 190万円 |
| 1,500万円超～3,000万円以下 | | | 50% | 250万円 | 45% | 265万円 |
| 3,000万円超～4,500万円以下 | | | 55% | 400万円 | 50% | 415万円 |
| 4,500万円超 | | | | | 55% | 640万円 |

（注）暦年課税の場合、直系尊属（父母や祖父母など）からの贈与により財産を取得した受贈者（財産の贈与を受けた年の1月1日において18歳（令和4年3月31日以前は20歳）以上の者に限る）については、「特例税率」を適用して税額を計算する。この特例税率の適用がある財産を「特例贈与財産」という。また、特例税率の適用がない財産（「一般税率」を適用する財産）を「一般贈与財産」という。

# 11 住宅取得等資金の贈与を受けた場合の贈与税の非課税

父母や祖父母などの直系尊属から住宅取得等資金の贈与を受けた受贈者が、贈与を受けた年の翌年3月15日までにその住宅取得等資金を自己の居住の用に供する家屋の新築若しくは取得又はその増改築等（以下「住宅用家屋の取得等」という）の対価に充てて住宅用家屋の取得等をし、その家屋を同日までに自己の居住の用に供したとき又は同日後遅滞なく自己の居住の用に供することが確実であると見込まれるなど一定の要件を満たすときは、住宅取得等資金のうち一定金額について贈与税が非課税となる（措法70の2）。

| 対象期間(注1) | 住宅 | 省エネ等住宅(注2)(注3) | 左記以外の住宅 | 消費税率10%で住宅購入の契約をした者 | | 左記以外の場合 | |
|---|---|---|---|---|---|---|---|
| | | | | 省エネ等住宅(注2)(注3) | 住宅 | 省エネ等住宅(注2)(注3) | 左記以外の住宅 |
| 平成21年 | 500万円 | | | | | | |
| 平成22年 | 1,500万円 | | | | | | |
| 平成23年 | 1,000万円 | | | | | | |
| 平成24年 | | 1,500万円 | 1,000万円 | | | | |
| 平成25年 | | 1,200万円 | 700万円 | | | | |
| 平成26年 | | 1,000万円 | 500万円 | | | | |
| 平成27年 | | | | | | 1,500万円 | 1,000万円 |
| 平成28年1月～平成31年3月 | | | | | | 1,200万円 | 700万円 |
| 平成31年4月～令和2年3月 | | | | 3,000万円 | 2,500万円 | 1,200万円 | 700万円 |
| 令和2年4月～令和3年12月 | | | | 1,500万円 | 1,000万円 | 1,000万円 | 500万円 |
| 令和4年1月～令和8年12月 | | 1,000万円 | 500万円 | | | | |

（注1）平成27年1月1日以後は住宅用家屋の取得等に係る契約の締結日によって適用される非課税枠が決まる。なお、平成27年中に贈与を受けたものについては、平成26年以前に契約を締結したものであっても、平成27年の非課税枠1,500万円（又は1,000万円）が適用される。
（注2）省エネルギー対策等級4相当、耐震等級2以上であること又は免震建築物に適合する住宅用家屋であることにつき証明されたもの。
（注3）平成27年から、省エネ等住宅の範囲に高齢者等配慮対策等級3以上及び第一次エネルギー消費量等級4以上の住宅が追加された。
（注4）令和3年1月1日以後に贈与により取得する住宅取得等資金の贈与については、受贈者が贈与を受けた年分の所得税に係る合計所得金額が1,000万円以下である場合に限り、床面積要件の下限を40㎡以上（改正前：50㎡以上）に引き下げる。
（注5）令和4年1月1日以後に贈与により取得する住宅取得等資金の贈与については、適用対象となる既存住宅用家屋の要件について、築年数要件を廃止するとともに、新耐震基準に適合している住宅用家屋（登記簿上の建築日付が昭和57年1月1日以降の家屋については、新耐震基準に適合している住宅用家屋とみなす）であることを加える。

# 12 教育資金の一括贈与及び結婚・子育て資金の一括贈与を受けた場合の贈与税の非課税

(1) 教育資金の一括贈与

　平成25年4月1日から令和8年3月31日までの間に、30歳未満の者（以下「受贈者」という）が教育資金に充てるため、金融機関等との一定の契約に基づき、受贈者の直系尊属（父母や祖父母など）から①信託受益権を付与された場合、②書面による贈与により取得した金銭を銀行等に預入をした場合又は③書面による贈与により取得した金銭等で証券会社等で有価証券を購入した場合には、信託受益権又は金銭等の価額のうち1,500万円までの金額に相当する部分の価額については、金融機関等の営業所等を経由して所轄税務署長に教育資金非課税申告書を提出することにより贈与税が非課税となる（措法70の2の2）。

(2) 結婚・子育て資金の一括贈与

　平成27年4月1日から令和7年3月31日までの間に、18歳以上（令和4年3月31日以前は20歳以上）50歳未満の者（以下「受贈者」という）が、結婚・子育て資金に充てるため、金融機関等との一定の契約に基づき、受贈者の直系尊属（父母や祖父母など）から①信託受益権を付与された場合、②書面による贈与により取得した金銭を銀行等に預入をした場合又は③書面による贈与により取得した金銭等で証券会社等で有価証券を購入した場合には、信託受益権又は金銭等の価額のうち1,000万円までの金額に相当する部分の価額については、金融機関等の営業所等を経由して所轄税務署長に結婚・子育て資金非課税申告書を提出することにより贈与税が非課税となる（措法70の2の3）。

| 区　分 | 教育資金の一括贈与 | 結婚・子育て資金の一括贈与 |
|---|---|---|
| 贈与時期 | 平成25年4月1日～令和8年3月31日 | 平成27年4月1日～令和7年3月31日 |
| 受贈者 | 30歳未満の者<sup>(注2-1)</sup> | 18歳以上50歳未満の者<sup>(注2-1)</sup><br>（令和4年3月31日以前は20歳以上） |
| 贈与者 | 直系尊属（祖父母等） | 直系尊属（父母等） |
| 贈与財産 | 教育資金の支払に充てるための金銭等 | 結婚・子育て資金の支払に充てるための金銭等 |
| 贈与手段 | 金銭等を信託銀行や銀行などの金融機関等に信託等する。 | 金銭等を信託銀行や銀行などの金融機関等に信託等する。 |

| 区分 | 教育資金の一括贈与 | 結婚・子育て資金の一括贈与 |
|---|---|---|
| 非課税限度額 | 学校等に直接支払われる入学金、授業料等1,500万円（学校等以外の者に教育に関する役務の提供等の対価として支払われる金銭等については500万円を限度） | 1,000万円（結婚に際して支出する費用については300万円を限度） |
| 申告 | 受贈者は教育資金非課税申告書を金融機関等の営業所等を経由して所轄税務署長に提出 | 受贈者は結婚・子育て資金非課税申告書を金融機関等の営業所等を経由して所轄税務署長に提出 |
| 領収書等の提出 | 受贈者は教育資金の領収書等を次の期間内に金融機関等の営業所等に提出しなければならない。提出しなかった場合には教育資金に支出しなかった金額とされる(注1)。<br>①教育資金に充てた金額を金融機関から払い出す場合：領収書等に記載された支払年月日から1年を経過する日<br>②①以外の場合：領収書等に記載された支払年月日の翌年3月15日 | 受贈者は結婚・子育て資金の領収書等を次の期間内に金融機関等の営業所等に提出しなければならない。提出しなかった場合には結婚・子育て資金に支出しなかった金額とされる。<br>①結婚・子育て資金に充てた金額を金融機関から払い出す場合：領収書等に記載された支払年月日から1年を経過する日<br>②①以外の場合：領収書等に記載された支払年月日の翌年3月15日 |
| 贈与税の課税 | ①受贈者が30歳に達したとき又は金融機関等と合意解約したとき等の残額（教育資金に支出しなかった金額）に対して贈与税が課税される。<br>②受贈者が死亡したときは、残額があっても贈与税は課税されない。 | ①受贈者が50歳に達したとき又は金融機関等と合意解約したとき等の残額（結婚・子育て資金に支出しなかった金額）に対して贈与税が課税される。<br>②受贈者が死亡したときは、残額があっても贈与税は課税されない。 |

相続税の課税

教育資金の一括贈与

| 贈与の時期 | 平成25年4月1日～平成31年3月31日 | 平成31年4月1日～令和3年3月31日 | 令和3年4月1日～ |
|---|---|---|---|
| 相続税の課税 | 課税なし | 贈与者からの死亡前3年以内の贈与に係る残額についてのみ、原則、課税される(注2-3)。 | 贈与者からの死亡の日までの年数にかかわらず（全ての）贈与に係る残額について、原則、課税される(注3)(注4-1、2)。 |
|  | ― | 2割加算の適用なし | 2割加算の適用あり |

結婚・子育て資金の一括贈与

| 贈与の時期 | 平成27年4月1日～令和3年3月31日 | 令和3年4月1日～ |
|---|---|---|
| 相続税の課税 | 贈与者が死亡した場合、残額に相続税が課税される(注4-3)。 | 贈与者が死亡した場合、残額に相続税が課税される(注4-3)。 |
|  | 2割加算の適用なし | 2割加算の適用あり |

（注１）平成28年１月１日以降、領収書等に記載された支払金額が１万円以下で、かつ、その年中の合計支払金額が24万円に達するまでのものについては、教育資金の内訳などを記載した明細書を提出することができる。

また、平成29年６月１日以降、領収書等の提出について、書面による提出に代えて電磁的方法により提出することができる。

（注２）主な改正事項（平成31年４月１日以後、２と４は令和元年７月１日以後）

1　前年分の合計所得金額が1,000万円を超える受贈者は、適用できない。

2　教育資金の一括贈与において、教育資金の範囲から、学校等以外の者に支払われる金銭で受贈者が23歳に達した日の翌日以後に支払われるもののうち、教育訓練給付金の支給の対象となる教育訓練を受講するための費用を除いて、教育に関する役務提供の対価・スポーツ文化芸術に関する活動等に係る指導の対価・これらに係る物品の購入費及び施設の利用料は除外。

3　教育資金の一括贈与において、贈与者からの死亡前３年以内に信託等により取得した信託受益権等について非課税措置の適用を受けたときは、その死亡の日における管理残額（非課税拠出額から教育資金支出額を控除した残額のうち、贈与者から死亡前３年以内に取得した信託受益権等の価額に対応する金額）を、贈与者から相続又は遺贈により取得したものとみなされる。ただし、受贈者が23歳未満である場合、学校等に在学している場合、教育訓練給付金の支給の対象となる教育訓練を受講している場合は除かれる。

4　教育資金の一括贈与において、受贈者が30歳に達した場合においても、受贈者が学校等に在学している場合又は教育訓練給付金の支給の対象となる教育訓練を受講している場合には、その年において該当する期間がなかった場合におけるその年の12月31日と40歳に達する日のいずれか早い日に教育資金管理契約が終了する。

（注３）主な改正事項（令和３年４月１日以後）

教育資金の一括贈与において、贈与者が死亡した場合、その死亡の日までの年数にかかわらず、同日における管理残額を、贈与者から相続又は遺贈により取得したものとみなされる。ただし、受贈者が23歳未満である場合、学校等に在学している場合、教育訓練給付金の支給の対象となる教育訓練を受講している場合は除かれる。

（注４）主な改正事項（令和５年４月１日以後）

1　信託等があった日から教育資金管理契約の終了の日までの間に贈与者が死亡した場合において、贈与者の死亡に係る相続税の課税価格の合計額が５億円を超えるときは、受贈者が23歳未満である場合等であっても、その死亡の日における非課税拠出額から教育資金支出額を控除した残額を、受贈者が贈与者から相続等により取得したものとみなす。

2　受贈者が30歳に達した場合等において、非課税拠出額から教育資金支出額を控除した残額に贈与税が課されるときは、一般税率を適用する。

3　非課税拠出額から結婚・子育て資金支出額を控除した残額に贈与税が課されるときは、一般税率を適用する。

# 13 相続時精算課税

財産の贈与を受けた者で、一定の要件に該当する場合には、贈与時に贈与財産に対する贈与税を納め、その贈与者が亡くなった時にその贈与財産の贈与時の価額と相続財産の価額とを合計した金額を基に計算した相続税額から、既に納めたその贈与税相当額を控除することにより贈与税・相続税を通じた納税をすることができる相続時精算課税の適用を受けることを選択できる（相法21の9〜21の16、措法70の2の6、70の3）。

なお、受贈者は贈与者ごとに相続時精算課税を選択できるが、選択した場合はその選択した年分以降、その贈与者からの贈与については全て相続時精算課税が適用され、暦年課税に変更することはできない。

| 区　分 | 平成26年12月31日以前の贈与 | 平成27年1月1日から令和5年12月31日までの贈与 | 令和6年1月1日以後の贈与 |
|---|---|---|---|
| 受贈者 | 贈与者の推定相続人（直系卑属に限る）のうち、贈与を受けた年の1月1日において20歳以上である者 | 贈与者の推定相続人（直系卑属に限る）のうち、贈与を受けた年の1月1日において18歳（令和4年3月31日以前は20歳）以上である者又は贈与者の孫のうち、贈与を受けた年の1月1日において18歳（令和4年3月31日以前は20歳）以上である者 | 贈与者の推定相続人（直系卑属に限る）のうち、贈与を受けた年の1月1日において18歳以上である者又は贈与者の孫のうち、贈与を受けた年の1月1日において18歳以上である者 |
| 贈与者 | 贈与をした年の1月1日において65歳以上の者(注1) | 贈与をした年の1月1日において60歳以上の者(注1) | |
| 適用対象財産等 | 贈与財産の種類、金額、贈与の回数に制限はない。 | | |
| 基礎控除額 | なし | | 年間110万円(注2) |
| 特別控除額 | 2,500万円(注3) | | |
| 税率 | 20%（特別控除額を超えた部分に対して） | | |
| 贈与税額の計算 | （贈与財産の課税価格－特別控除額）×20% | | （贈与財産の課税価格－特定贈与者ごとの基礎控除額－特別控除額）×20% |

| 区　分 | 平成26年12月31日以前の贈与 | 平成27年1月1日から令和5年12月31日までの贈与 | 令和6年1月1日以後の贈与 |
|---|---|---|---|
| 贈与税の申告 | 特定贈与者から贈与を受けた都度申告 | | 特定贈与者から贈与を受けた都度申告<br>ただし、基礎控除以下の場合は申告不要 |
| 相続税の課税価格に加算する財産の価額 | 贈与により取得した額の合計額 | | 贈与により取得した額から基礎控除を控除した残額の合計額 |
| 相続税の課税価格への加算等の基礎となる価額（財産の評価額） | 贈与の時における価額（贈与時の時価） | | 贈与の時における価額（贈与時の時価）<br>ただし、特定贈与者の死亡に係る相続税の申告書の提出期限までの間に災害によって一定の被害を受けた場合には、当該相続税の課税価格への加算等の基礎となる当該土地又は建物の価額は、贈与の時における価額から災害によって被害を受けた部分に相当する額を控除した残額になる。 |
| 相続税との関係 | 贈与者が亡くなった時の相続税の計算上、相続財産の価額に相続時精算課税を適用した贈与財産の価額（贈与時の時価）を加算して相続税額を計算し、既に支払った贈与税相当額を相続税額から控除する（控除しきれない金額は還付される）。 | | |

相続税・贈与税関係

相続時精算課税

（注1）一定の要件を満たす住宅取得等資金の贈与を受けた場合には、贈与者の年齢制限はない。
　　　　なお、令和3年1月1日以後に特定贈与者から住宅取得等資金の贈与を受けた場合の相続時精算課税制度の特例の対象となる住宅用家屋の範囲について、床面積要件の下限を40㎡以上（改正前：50㎡以上）に引き下げる。
（注2）2人以上の特定贈与者からの贈与の場合の基礎控除額は、各特定贈与者からの贈与額に応じて按分する。
（注3）特別控除額は、2,500万円を限度（前年以前において、既に特別控除額を控除している場合は、その残額が限度）となる。

# 14 非上場株式等についての相続税・贈与税の納税猶予及び免除の特例

(1) 非上場株式等についての相続税の納税猶予及び免除の特例（一般措置）

　後継者である相続人等が、相続等により、円滑化法の認定を受ける非上場会社の株式等を被相続人（先代経営者）から取得し、その会社を経営していく場合には、その後継者が納付すべき相続税のうち、その株式等（一定の部分に限る）に係る課税価格の80％に対応する相続税の納税が猶予され、後継者の死亡等により、納税が猶予されている相続税の納付が免除される（措法70の7の2）。

(2) 非上場株式等についての贈与税の納税猶予及び免除の特例（一般措置）

　後継者である受贈者が、贈与により、円滑化法の認定を受ける非上場会社の株式等を贈与者（先代経営者）から全部又は一定以上取得し、その会社を経営していく場合には、その後継者が納付すべき贈与税のうち、その株式等（一定の部分に限る）に対応する贈与税の全額の納税が猶予され、先代経営者の死亡等により、納税が猶予されている贈与税の納付が免除される（措法70の7）。

| 平成29年1月1日以後（雇用確保要件の計算方法の見直しは平成29年4月1日以後） | | | | | |
|---|---|---|---|---|---|
| 概要 | 対象株式 | 後継者が先代経営者から相続又は贈与により取得するもののうち、後継者がすでに有しているものを含めて議決権の2/3を有するまでの株式 | | | |
| | 納税猶予の対象となる税額 | 相続の場合、対象株式の80％に対応する相続税 | | | |
| | | 贈与の場合、対象株式の100％に対応する贈与税 | | | |
| | 相続税の納税猶予額の計算方法 | | 後継者以外が取得する財産（A） | 対象株式価額の20％部分（B） | 対象株式価額の80％部分（C） | 後継者が取得する対象株式以外の財産（D） |
| | | ① | 相続財産すべて（A＋B＋C＋D）に対する相続税額 | | | |
| | | ② | 相続財産を（A＋B＋C）のみとみなした場合の相続税額 | | | Dはないものとみなす |
| | | ③ | 相続財産を（A＋B）のみとみなした場合の相続税額 | | C＋Dはないものとみなす | |
| | ○　相続税納税額（納税猶予考慮前）＝①　　　　　　　　　　　　　　　　　　　　　　　　　　○　相続税納税猶予額＝②－③　　　　　　　　　　　　　　　　　　　　　　　　　　　　　　　○　相続税納税額（納税猶予額控除後）＝①－（②－③） | | | | | |

| 平成29年1月1日以後（雇用確保要件の計算方法の見直しは平成29年4月1日以後） | | | |
|---|---|---|---|

<table>

| | 贈与税の納税猶予額の計算方法 | | 後継者が1年間に贈与を受けた対象株式を除く全ての財産合計（A） | 対象株式価額（B） |
|---|---|---|---|---|
| | | ① | 贈与財産すべて（A＋B）に対する贈与税額 | |
| | | ② | ないものとみなす | 贈与財産を（B）のみとみなした場合の贈与税額 |

○　贈与税納税額（納税猶予考慮前）＝①
○　贈与税納税猶予額＝②
○　贈与税納税額（納税猶予額控除後）＝①－②
※相続時精算課税を適用する場合には、相続時精算課税の特別控除及び税率を適用して計算した金額

| 納税猶予の主な要件 | 贈与時・相続開始時 | 承継会社要件等 | 非上場会社であること |
|---|---|---|---|
| | | | 中小企業経営円滑化法に定める中小企業者であること |
| | | | 風俗営業会社でないこと |
| | | | 資産管理会社（事業実態があるなど一定の要件を満たすものを除く）でないこと |
| | | | 総収入金額（営業外収益及び特別利益以外のものに限る）が零の会社、従業員数が零の会社でないこと |
| | | | 後継者へ全部又は一定以上の対象株式を贈与すること（贈与税の納税猶予のみ） |
| | | 先代経営者要件 | 承継会社の代表権（制限が加えられた代表権を除く）を有していたこと |
| | | | 同族で議決権数の過半数を有し、同族内で筆頭であったこと（贈与・相続直前においては、後継者除く） |
| | | | 贈与時において承継会社の代表権を有していないこと（贈与税の納税猶予のみ）(注1-3) |
| | | 後継者要件(注1-2) | 同族で議決権数の過半数を有し、同族内で筆頭になること |
| | | | 承継会社の代表権を有していること（贈与は贈与時、相続は相続開始の日の翌日から5か月を経過する日） |
| | | | 承継会社の役員等の就任から3年以上を経過していること（贈与税の納税猶予のみ） |
| | | 担保提供要件 | 納税が猶予される相続（贈与）税及び利子税に見合う担保を提供すること（対象株式すべてを担保として提供することができる）<br>株券不発行会社でも一定の書類提出により、株券を発行しないまま株式を担保とすることができる。 |
| | 贈与後・相続開始後 | 経営承継期間中の納税猶予継続要件<br>※経営承継期間は5年間 | 対象株式を継続して保有すること |
| | | | 後継者は承継会社の代表権を有していること |
| | | | 5年間（経営承継期間）平均で雇用の8割を維持すること(注1-1) |
| | | | 資産管理会社（事業実態があるなど一定の要件を満たすものを除く）でないこと |
| | | | 年次報告を都道府県知事へ毎年提出すること |
| | | | 継続届出書を税務署へ毎年提出すること |

</table>

| 平成29年1月1日以後（雇用確保要件の計算方法の見直しは平成29年4月1日以後） | | |
|---|---|---|
| 納税猶予後の納税免除 | 経営承継期間経過後の納税猶予継続要件 | 対象株式を継続して保有すること |
| | | 資産管理会社（事業実態があるなど一定の要件を満たすものを除く）でないこと |
| | | 継続届出書を税務署へ3年毎に提出すること |
| | 後継者の死亡 | |
| | 先代経営者の死亡（贈与税納税猶予が免除され、相続により取得したものとされる） | |
| | 相続税納税猶予適用後（経営承継期間経過後）の贈与税納税猶予を適用 | |
| | 経営承継期間経過後の破産手続開始の決定又は特別清算開始の命令があった場合 | |
| | 経営承継期間経過後の株式譲渡（時価が猶予額を下回る一定の部分のみ） | |
| | 2代目経営者から3代目経営者への贈与のうち一定のもの | |
| | ※経営承継期間経過後に納税猶予税額を納付する場合の経営承継期間中の利子税を免除[注1-4] | |
| 民法遺留分特例 | 生前贈与株式の遺留分対象を制限する特例制度[※]。先代経営者の遺留分権利者全員との合意（固定合意又は除外合意）、経済産業大臣の確認及び家庭裁判所の許可が必要<br>○　固定合意：遺留分の算定に用いる価額を贈与時の評価額で固定できる。<br>○　除外合意：遺留分の算定から対象株式を除外できる。<br>※　民法遺留分特例を用いない場合：株式を生前贈与した場合にその後の相続で遺留分の争いになった際には、相続時の時価を基準とするため後継者による企業成長が先代経営者の遺留分対象となってしまう。 | |

（注1）主な改正事項（平成27年1月1日以後）
1　雇用確保要件の緩和：「毎年8割以上」→「5年間平均で8割以上」
2　後継者の親族間承継要件の廃止：「親族間での承継」→「親族に限らず適用が可能」
3　先代経営者の役員退任要件の緩和（贈与税）：「役員を退任」→「代表者を退任（有給役員として残留可）」
4　利子税の負担軽減：納税猶予期間が5年を超える場合には、5年間の利子税を免除
5　債務控除方式の変更：納税猶予額の計算において先代経営者の債務等を非上場株式等以外の財産の価額から先に控除する（相続税のみ）。
6　手続の簡素化：株券不発行会社でも一定の書類提出により、株券を発行しないまま株式を担保とすることができる。
7　平成26年12月31日以前に納税猶予の適用を受けている者は、選択により平成27年1月1日以後に適用される改正後の納税猶予制度を適用できる。
（注2）主な改正事項（平成29年1月1日以後、3は5回目の報告基準月が平成29年4月1日以後となる場合）
1　贈与税の納税猶予及び免除の特例の適用を受ける場合であっても、その贈与税額の計算に当たって、相続時精算課税の適用が可能。
2　非上場株式等の贈与者（先代）が死亡した場合の相続税の納税猶予及び免除の特例の適用を受けるときの会社の要件について、「中小企業者」要件と贈与税の申告書の提出期限の翌日から同日以後5年を経過する日の翌日以後に贈与者（先代）が死亡した場合の「非上場会社」要件が不要。
3　雇用確保要件について、維持すべき従業員数（5年平均8割）の計算において生じる端数を切り捨て。
（注3）主な改正事項（令和3年4月1日以後）
後継者が被相続人の相続開始の直前において認定承継会社の役員でない時であっても、被相続人が70歳未満（改正前：60歳未満）で死亡した場合は、適用を受けることができる。

(3) 非上場株式等についての相続税の納税猶予及び免除の特例（特例措置）

　後継者である特例経営承継相続人等が、相続等により、平成30年1月1日から令和9年12月31日までの間に、円滑化法の認定を受ける非上場会社の株式等を特例被相続人（先代経営者）等から取得し、その会社を経営していく場合には、その後継者が納付すべき相続税のうち、その株式等に係る課税価格に対応する相続税の納税が猶予され、後継者の死亡等により、納税が猶予されている相続税の納付が免除される（措法70の7の6）。

　なお、この特例は平成30年4月1日から令和5年3月31日までの5年間に特例承継計画を都道府県に提出した場合に限り、適用される。

(4) 非上場株式等についての贈与税の納税猶予及び免除の特例（特例措置）

　後継者である特例経営承継受贈者が、贈与により、円滑化法の認定を受ける非上場会社の株式等を特例贈与者（先代経営者）等から全部又は一定以上取得し、その会社を経営していく場合には、その後継者が納付すべき贈与税のうち、その株式等に対応する贈与税の全額の納税が猶予され、特例贈与者の死亡等により、納税が猶予されている贈与税の納付が免除される（措法70の7の5）。

　なお、この特例は平成30年4月1日から令和5年3月31日までの5年間に特例承継計画を都道府県に提出した場合に限り、適用される。

| 平成30年1月1日から令和9年12月31日まで | | |
|---|---|---|
| 概要 | 対象株式 | 後継者が次のものから相続若しくは遺贈又は贈与により取得する全ての発行済議決権株式<br>① 先代経営者<br>② 先代経営者以外の株主（相続税又は贈与税の申告期限が、先代経営者からの株式の相続又は贈与に係る特例経営承継期間内に到来する相続又は贈与に限る）<br>　「特例経営承継期間」は、申告期限の翌日から、次の(i)、(ii)のいずれか早い日と後継者もしくは先代経営者等の死亡の日の前日のいずれか早い日までの期間をいう。<br>　相続税の納税猶予の場合<br>(i) 後継者の最初のこの制度の適用に係る相続税の申告期限の翌日以後5年を経過する日<br>(ii) 後継者の最初の「非上場株式等についての贈与税の納税猶予及び免除」の適用に係る相続税の申告期限の翌日以後5年を経過する日<br>　贈与税の納税猶予の場合<br>(i) 後継者の最初のこの制度の適用に係る贈与税の申告期限の翌日以後5年を経過する日<br>(ii) 後継者の最初の「非上場株式等についての相続税の納税猶予及び免除」の適用に係る相続税の申告期限の翌日以後5年を経過する日 |

相続税・贈与税関係

非上場株式等についての相続税・贈与税の納税猶予及び免除の特例

| 平成30年1月1日から令和9年12月31日まで | | | |
|---|---|---|---|

**概要**

**納税猶予の対象となる税額**
相続、贈与とも対象株式の100％に対応する税額

**相続税の納税猶予額の計算方法**

| | 後継者以外が取得する財産（A） | 対象株式価額（B） | 後継者が取得する対象株式以外の財産（C） |
|---|---|---|---|
| ① | 相続財産すべて（A＋B＋C）に対する相続税額 | | |
| ② | 相続財産を（A＋B）のみとみなした場合の相続税額 | | Cはないものとみなす |
| ③ | 相続財産を（A）のみとみなした場合の相続税額 | B＋Cはないものとみなす | |

○ 相続税納税額（納税猶予考慮前）＝①
○ 相続税納税猶予額＝②－③
○ 相続税納税額（納税猶予額控除後）＝①－（②－③）

**贈与税の納税猶予額の計算方法**

一般措置と同様

| | 後継者が1年間に贈与を受けた対象株式を除く全ての財産合計（A） | 対象株式価額（B） |
|---|---|---|
| ① | 贈与財産すべて（A＋B）に対する贈与税額 | |
| ② | ないものとみなす | 贈与財産を（B）のみとみなした場合の贈与税額 |

○ 贈与税納税額（納税猶予考慮前）＝①
○ 贈与税納税猶予額＝②
○ 贈与税納税額（納税猶予額控除後）＝①－②
※相続時精算課税を適用する場合には、相続時精算課税の特別控除及び税率を適用して計算した金額

**納税猶予の主な要件**

**贈与時・相続開始時**

**承継会社要件等**
一般措置と同様
非上場会社であること
中小企業経営円滑化法に定める中小企業者であること
風俗営業会社でないこと
資産管理会社（事業実態があるなど一定の要件を満たすものを除く）でないこと
総収入金額（営業外収益及び特別利益以外のものに限る）が零の会社、従業員数が零の会社でないこと
後継者へ全部又は一定以上の対象株式を贈与すること（贈与税の納税猶予のみ）

**先代経営者要件**
特例承継計画に記載された先代経営者であること
その他は一般措置と同様
承継会社の代表権（制限が加えられた代表権を除く）を有していたこと

| | | 平成30年1月1日から令和9年12月31日まで | |
|---|---|---|---|
| 納税猶予の主な要件 | 贈与時・相続開始時 | | 同族で議決権数の過半数を有し、同族内で筆頭であったこと（贈与・相続直前においては、後継者除く） |
| | | | 贈与時において承継会社の代表権を有していないこと（贈与税の納税猶予のみ） |
| | | 後継者要件 | 特例承継計画に記載された後継者であること |
| | | | 同族で議決権数の過半数を有し、同族内で筆頭になること<br>　後継者が2人又は3人の場合には、相続若しくは遺贈又は贈与後において、各後継者が議決権割合の10%以上を有し、かつ、同族内で議決権保有割合が後継者が2人の場合は上位2位、後継者が3人の場合は上位3位までの者であること |
| | | | その他は一般措置と同様 |
| | | | 承継会社の代表権を有していること（贈与は贈与時、相続は相続開始の日の翌日から5か月を経過する日） |
| | | | 承継会社の役員等の就任から3年以上を経過していること（贈与税の納税猶予のみ） |
| | | 担保提供要件 | 一般措置と同様 |
| | | | 納税が猶予される相続（贈与）税額及び利子税に見合う担保を提供すること（対象株式すべてを担保として提供することができる）<br>株券不発行会社でも一定の書類提出により、株券を発行しないまま株式を担保とすることができる。 |
| | | 承継計画 | 平成30年4月1日から令和8年3月31日までの間に都道府県知事に対して特例承継計画を提出し、確認を受けること |
| | 贈与後・相続開始後 | 経営承継期間中の納税猶予継続要件※経営承継期間は5年間 | 5年間（経営承継期間）平均で雇用の8割を維持すること<br>　雇用の8割を維持できない場合であっても、一定の書類を都道府県知事に提出すれば納税猶予を継続できる。 |
| | | | その他は一般措置と同様 |
| | | | 対象株式を継続して保有すること |
| | | | 後継者は承継会社の代表権を有していること |
| | | | 資産管理会社（事業実態があるなど一定の要件を満たすものを除く）でないこと |
| | | | 年次報告を都道府県知事へ毎年提出すること |
| | | | 継続届出書を税務署へ毎年提出すること |
| | | 経営承継期間経過後の納税猶予継続要件 | 一般措置と同様 |
| | | | 対象株式を継続して保有すること |
| | | | 資産管理会社（事業実態があるなど一定の要件を満たすものを除く）でないこと |
| | | | 継続届出書を税務署へ3年毎に提出すること |

| | 平成30年1月1日から令和9年12月31日まで |
|---|---|
| 納税猶予後の納税免除 | 特例経営承継期間後の株式譲渡等（経営環境の変化を示す一定の要件を満たす場合に限り、一定額まで免除される） |
| | その他は一般措置と同様 |
| | 後継者の死亡 |
| | 先代経営者の死亡（贈与税納税猶予が免除され、相続により取得したものとされる） |
| | 相続税納税猶予適用後（経営承継期間経過後）の贈与税納税猶予を適用 |
| | 経営承継期間経過後の破産手続開始の決定又は特別清算開始の命令があった場合 |
| | 経営承継期間経過後の株式譲渡（時価が猶予額を下回る一定の部分のみ） |
| | なお、経営承継期間経過後に納税猶予税額を納付する場合の経営承継期間中の利子税を免除する。 |

第三者からの贈与に関する相続時精算課税の適用
　後継者が贈与者の推定相続人以外の者であり、かつ、次の要件を満たす場合には、相続時精算課税の適用を受けることができる
　①　後継者が贈与の年の1月1日において18歳（令和4年3月31日以前は20歳）以上
　②　贈与者が贈与の年の1月1日において60歳以上

（注）主な改正事項（令和3年4月1日以後）
　　　後継者が被相続人の相続開始の直前において特例認定承継会社の役員でない時であっても、被相続人が70歳未満（改正前：60歳未満）で死亡した場合、又は後継者が中小企業における経営の承継の円滑化に関する法律施行規則の確認を受けた特例承継計画に特例後継者として記載されている者である場合は、適用を受けることができる。

# 15 個人事業者の事業用資産についての相続税・贈与税の納税猶予及び免除の特例

(1) 個人事業者の事業用資産についての相続税の納税猶予及び免除の特例

　認定相続人が平成31年1月1日から令和10年12月31日までの間に、相続等により特定事業用資産を取得し、事業を継続していく場合には、担保の提供を条件に、その認定相続人が納付すべき相続税額のうち、相続等により取得した特定事業用資産の課税価格に対応する相続税が猶予され、認定相続人の死亡等により、納税が猶予されている相続税の納付が免除される（措法70の6の9）。

　「認定相続人」とは、承継計画に記載された後継者であって、中小企業における経営の承継の円滑化に関する法律の規定による認定を受けた者をいう。

　なお、この納税猶予の適用を受ける場合には、特定事業用宅地等について小規模宅地等の特例を受けることはできない。

(2) 個人事業者の事業用資産についての贈与税の納税猶予及び免除の特例

　認定受贈者（18歳（令和4年3月31日以前の贈与については20歳）以上である者に限る。）が平成31年1月1日から令和10年12月31日までの間に、贈与により特定事業用資産を取得し、事業を継続していく場合には、担保の提供を条件に、その認定受贈者が納付すべき贈与税額のうち、贈与により取得した特定事業用資産の課税価格に対応する贈与税が猶予され、贈与者の死亡等により、納税が猶予されている贈与税の納付が免除される（措法70の6の8）。

　なお、認定受贈者が贈与者の直系尊属である推定相続人以外の者であっても、その贈与者がその年の1月1日において60歳以上である場合には、相続時精算課税の適用を受けることができる。

| 概要 | 対象資産<br>（特定事業用資産） | 被相続人又は贈与者の事業（不動産貸付業等を除く）のように供されていた次の資産<br>（イ）土地（面積400㎡までの部分に限る）<br>（ロ）建物（床面積800㎡までの部分に限る）<br>（ハ）建物以外の減価償却資産で青色決算書に添付される貸借対照表に計上されているもの<br>　①　固定資産税の課税対象となっているもの<br>　②　営業用として自動車税若しくは軽自動車税の課税対象となっているもの<br>　③　その他これらに準ずるもの |
|---|---|---|
| | 猶予の対象となる税額 | 担保を条件に、特定事業用資産の課税価格に対応する税額 |
| 主な要件 | 被相続人 | 相続開始前に青色申告の承認を受けていること |
| | 贈与者 | 贈与前に青色申告の承認を受けていること |
| | 相続人 | 個人事業承継計画の確認を受けた承継者であること |
| | | 相続開始の直前において特定事業用資産に係る事業又はこれと同種若しくは類似の事業に従事していたこと（被相続人が60歳未満で死亡した場合を除く） |
| | | 相続開始後において、青色申告の承認を受けていること |
| | 受贈者 | 個人事業承継計画の確認を受けた承継者であること |
| | | 贈与時に18歳以上（令和4年3月31日以前は20歳）であり、かつ、贈与の日まで引き続き3年以上特定事業用資産に係る事業又はこれと同種若しくは類似の事業に従事していたこと |
| | | 贈与後において、青色申告の承認を受けていること |
| | 担保提供 | 納税が猶予される相続（贈与）税額及び利子税に見合う担保を提供すること |
| | 承継計画 | 平成31年4月1日から令和8年3月31日までの間に都道府県知事に対して承継計画を提出し、確認を受けること |
| | 継続届出書 | 税務署長に対して申告期限から3年毎に継続届出書の提出が必要 |
| 免除 | | 認定相続人・受贈者が、その死亡の時までに、特定事業用資産を保有し、事業を継続した場合 |
| | | 認定相続人・受贈者が一定の身体障害者に該当した場合 |
| | | 申告期限から5年経過後に、次の後継者に特定事業用資産を贈与し、その後継者がその特定事業用資産について贈与税の納税猶予制度の適用を受ける場合 |
| | | 認定相続人・受贈者について破産手続開始の決定があった場合 |

（注）主な改正事項（令和3年4月1日以後）
　　特定事業用資産の範囲に、被相続人又は贈与者の事業の用に供されていた乗用自動車で青色申告書に添付されている貸借対照表に計上されているもの（取得価額500万円以下の部分に対応する部分に限る）を加える。

# 1 法人税率・復興特別法人税率・地方法人税率

(1) 法人税率

　各事業年度の所得に対する法人税の額は下表の区分による税率を乗じて計算した金額となる（法法66、81の12、措法42の3の2、68、68の8）。

| 区　分 | | 事業年度 | 平24.4.1以後開始 | 平27.4.1以後開始 | 平28.4.1以後開始 | 平30.4.1以後開始 | 平31.4.1以後開始 |
|---|---|---|---|---|---|---|---|
| 普通法人 | 資本金1億円以下 (注2) | 年800万円以下 | 15% | | | | 15%(注1) |
| | | 年800万円超 | 25.5% | 23.9% | 23.4% | 23.2% | |
| | 資本金1億円超・相互会社 | 25.5% | 23.9% | 23.4% | 23.2% | | |
| | 特定医療法人 | 年800万円以下 | 15% | | | | 15%(注1) |
| | | 年800万円超 | 19% | | | | |
| 公益法人等 | 協同組合等 (注3) | 年800万円以下 | 15% | | | | |
| | | 年800万円超 | 19% | | | | |
| | 公益社団法人等 (注4) | 年800万円以下 | 15% | | | | |
| | | 年800万円超 | 25.5% | 23.9% | 23.4% | 23.2% | |
| | 公益法人等とみなされている法人 (注5) | 年800万円以下 | 15% | | | | |
| | | 年800万円超 | 25.5% | 23.9% | 23.4% | 23.2% | |
| | 上記以外の公益法人等 | 年800万円以下 | 15% | | | | |
| | | 年800万円超 | 19% | | | | |
| 人格のない社団等 | | 年800万円以下 | 15% | | | | |
| | | 年800万円超 | 25.5% | 23.9% | 23.4% | 23.2% | |

（注1）前3事業年度における平均所得金額が15億円を超える法人（適用除外事業者）は19%
（注2）各事業年度終了の時において、資本金が5億円以上の大法人による完全支配関係がある等一定の普通法人を除く。
（注3）特定の協同組合等について、年10億円超の部分は平成24年4月1日以後開始事業年度22%。
（注4）公益社団法人、公益財団法人、非営利型の一般社団法人及び一般財団法人をいう。
（注5）認可地縁団体、管理組合法人及び団地管理組合法人、法人である政党等、防災街区整備事業組合、特定非営利活動法人並びにマンション建替組合、マンション敷地売却組合及び敷地分割組合をいう。

(2)　復興特別法人税率

　　復興特別法人税は平成23年12月に公布された特別措置法より創設され、平成26年度税制改正において1年前倒しで廃止された（1年前倒しの廃止、旧復興財源確保法40十、41①、44一、45、47、旧復興特別法人税令3）。

| 納税義務者 | 課税標準法人税額及び税率 | 課税事業年度 |
|---|---|---|
| 基準法人税額を有する法人又は人格のない社団等及び法人信託の受益者である個人 | 課税標準法人税額（基準法人税額<sup>(注)</sup>×10%） | 平成24年4月1日〜平成26年3月31日までの期間内に最初に開始する事業年度開始の日から2年を経過する日までの期間内の日の属する事業年度 |

（注）基準法人税額＝別表一（一）「2」－別表一（一）「3」＋別表一（一）「5」

(3)　地方法人税率

　　平成26年度税制改正において、地方法人税制度が創設された。地方法人税の額は、課税標準法人税の額に下表の税率を乗じて計算した金額となる（地法4、5、6、9、10）。

| 納税義務者 ／ 事業年度 | 平26.10.1以後開始 | 令元.10.1以後開始 |
|---|---|---|
| 法人税を納める義務がある法人 | 4.4% | 10.3% |

# 2 地方税の標準税率

　道府県民税及び市町村民税は、法人税割（地法51①、314の４①）と均等割（地法52①、312①）の合計税額となる。

　また、平成26年10月１日以後に開始する事業年度から法人税割の税率が4.4％引き下げられる一方、法人税を納める義務がある法人は、前項の記載のとおり、基準法人税額に4.4％の税率を乗じた地方法人税（国税）を納める義務があるとされた（地法４、５、６、９、10）。

　法人事業税は、業態、事業所等の設置、資本金の額により、標準税率が異なり、資本金１億円を超える法人において、平成16年４月１日以後開始する事業年度から法人事業税に外形標準課税（付加価値割、資本割）が導入された（地法72の24の７、暫定措法２）。

　さらに、平成27年４月１日以後に開始する事業年度及び平成28年４月１日以後に開始する事業年度について、外形標準課税法人の法人事業税・地方法人特別税の税率が段階的に改正された。

| 税目 | 区　分 | | 課税標準等 | 平20.10.1 以後開始 | 平26.10.1 以後開始 | 平27.4.1 以後開始 | 平28.4.1 以後開始 | 令元.10.1 以後開始 | 令4.4.1 以後開始 |
|---|---|---|---|---|---|---|---|---|---|
| 道府県民税 | 全法人 | | 法人税額 | 5.0%＋均等割 | 3.2%＋　均等割 | | | 1.0%＋均等割 | |
| 市町村民税 | 全法人 | | 法人税額 | 12.3%＋均等割 | 9.7%＋　均等割 | | | 6.0%＋均等割 | |
| 事業税 | 電気、ガス供給事業生命保険業損害保険業 | | （法人事業税）収入金額 | 0.7% | 0.9% | | | 1.0% | |
| | | | （地方法人特別税）上記法人事業税額 | 81% | 43.2% | | | 廃止 | |
| | | | 特別法人事業税 | | | | | 30% | |
| | 3以上の都道府県に事業所等を設けて事業を行う法人で資本等の金額が1,000万円以上のもの | 資本金1億円超 | （法人事業税）次の合計額 | | | | | | |
| | | | (1) 所得割：所得金額 | 2.9% | 4.3% | 3.1% | 0.7% | 1.0% | |
| | | | (2) 付加価値割：付加価値額 | 0.48% | 0.48% | 0.72% | 1.2% | 1.2% | |
| | | | (3) 資本割：資本金等の額 | 0.2% | 0.2% | 0.3% | 0.5% | 0.5% | |

| 税目 | 区分 | | 課税標準等 | 平20.10.1以後開始 | 平26.10.1以後開始 | 平27.4.1以後開始 | 平28.4.1以後開始 | 令元.10.1以後開始 | 令4.4.1以後開始 |
|---|---|---|---|---|---|---|---|---|---|
| 事業税 | | | （地方法人特別税）上記(1)所得割の金額 特別法人事業税 | 148% | 67.4% | 93.5% | 414.2% | 廃止 260% | |
| | | 資本金1億円以下 | （法人事業税）所得金額 | 5.3% | 6.7% | | | 7.0% | |
| | | | （地方法人特別税）上記法人事業税額 特別法人事業税 | 81% | 43.2% | | | 廃止 37% | |
| | 上記以外 | 資本金1億円超 | （法人事業税）次の合計額 | | | | | | |
| | | | (1) 所得割：所得金額 | | | | | | |
| | | | 　（年400万円以下） | 1.5% | 2.2% | 1.6% | 0.3% | 0.4% | 一律 1.0% |
| | | | 　（年400万円超） | 2.2% | 3.2% | 2.3% | 0.5% | 0.7% | 〃 |
| | | | 　（年800万円超） | 2.9% | 4.3% | 3.1% | 0.7% | 1.0% | 〃 |
| | | | (2) 付加価値割：付加価値額 | 0.48% | 0.48% | 0.72% | 1.2% | 1.2% | |
| | | | (3) 資本割：資本金等の額 | 0.2% | 0.2% | 0.3% | 0.5% | 0.5% | |
| | | | （地方法人特別税）上記(1)所得割の金額 特別法人事業税 | 148% | 67.4% | 93.5% | 414.2% | 廃止 260% | |
| | | 資本金1億円以下 | （法人事業税）所得金額 | | | | | | |
| | | | 　（年400万円以下） | 2.7% | 3.4% | | | 3.5% | |
| | | | 　（年400万円超） | 4.0% | 5.1% | | | 5.3% | |
| | | | 　（年800万円超） | 5.3% | 6.7% | | | 7.0% | |
| | | | （地方法人特別税）上記法人事業税額 特別法人事業税 | 81% | 43.2% | | | 廃止 37% | |
| | 特別法人（医療法人を含む） | 3以上の都道府県に事業所等を設けて事業を行う法人で資本等の金額が1,000万円以上のもの | （法人事業税）所得金額 | 3.6% | 4.6% | | | 4.9% | |
| | | | （地方法人特別税）上記法人事業税額 特別法人事業税 | 81% | 43.2% | | | 廃止 34.5% | |
| | | その他 | （法人事業税）所得金額 | | | | | | |
| | | | 　（年400万円以下） | 2.7% | 3.4% | | | 3.5% | |
| | | | 　（年400万円超） | 3.6% | 4.6% | | | 4.9% | |
| | | | （地方法人特別税）上記法人事業税額 特別法人事業税 | 81% | 43.2% | | | 廃止 34.5% | |

# 3 特定同族会社の留保金課税

　内国法人である特定同族会社（法法67①、②、法令139の7）の各事業年度の留保金額が留保控除額を超える場合には、その特定同族会社に対して課する各事業年度の所得に対する法人税額は、その超える部分の留保金額を下表の金額に区分してそれぞれの金額に税率を乗じた金額を加算した金額とする（法法67①）。

| 区分　　　　　　　　　事業年度 | | 平19.4.1<br>以後開始 | 平26.10.1<br>以後開始 | 令元 .10.1<br>以後開始 |
|---|---|---|---|---|
| 適用法人 | | 特定同族会社（上位1株主グループで50%超）<br>※資本金の額又は出資金の額が1億円以下である法人を除く（一定の大法人の子会社を除く。）。<sup>(注)</sup> | | |
| 都道府県民税額等の計算 | | 20.7% | 16.3% | 10.4% |
| 留保控除額<br>（右のうち最も多い<br>金額） | 所得基準 | 当期所得×40% | | |
| | 定額基準 | 年2,000万円× $\dfrac{事業年度の月数}{12}$ | | |
| | 積立金基準 | 期末の資本金の額×25%－（期首利益積立金±適格<br>合併等による増減） | | |
| 税率 | | 課税留保金額　　　　　　　　　　　　　税率<br>年3,000万円以下の金額　　　　　　　　10%<br>年3,000万円超1億円以下の金額　　　　15%<br>年1億円超の金額　　　　　　　　　　　20% | | |

（注）平成23年4月1日以後開始する事業年度から、資本金が5億円以上の大法人による完全支配関係がある法人等一定の場合については、特定同族会社から除外されない。

# 4 青色欠損金の繰越控除

　内国法人の各事業年度開始の日前10年（7年又は9年）以内に開始した事業年度において生じた欠損金額がある場合には、この欠損金額に相当する金額は、この各事業年度の所得の計算上、損金の額に算入する（法法57①、平27法付則27）。

　この規定は、この内国法人が欠損金額の生じた事業年度について青色申告書である確定申告書を提出し、かつ、その後において連続して確定申告書を提出している場合であって欠損金額の生じた事業年度に係る帳簿書類を保存している場合に限り、適用する（法法57⑩）。

| 区分 ＼ 事業年度 | | 平20年4月1日以後開始 | 平27年4月1日以後開始 | 平28年4月1日以後開始 | 平29年4月1日以後開始 | 平30年4月1日以後開始 |
|---|---|---|---|---|---|---|
| 欠損金額の範囲 | | その事業年度開始の日前9年以内に開始した事業年度において生じた欠損金額 | | | | その事業年度開始の日前10年以内に開始した事業年度において生じた欠損金額 |
| 控除可能額 | 中小法人等(注1) | この規定適用前の所得金額の100％ | | | | |
| | 上記以外の法人 | この規定適用前の所得金額の80％ | この規定適用前の所得金額の65％ | この規定適用前の所得金額の60％ | この規定適用前の所得金額の55％ | この規定適用前の所得金額の50％(注) |
| | 新設法人の特例(注2) | | この規定適用前の所得金額の100％（設立から7年後の日の属する事業年度まで）※上場等の場合には、上場等の日以後に終了する事業年度は対象外 | | | |

（注1）資本金が1億円以下の法人のうち、資本金が5億円以上の大法人による完全支配関係がある法人等一定の場合を除いた法人をいう。

（注2）資本金が5億円以上の大法人による完全支配関係がある法人等一定の場合を除く。

（※）コロナ禍の厳しい経営環境の中、赤字であっても果敢に前向きな投資を行う企業に対し、コロナ禍の影響を受けた2年間（令和2年2月1日から令和3年4月1日までの期間内の日を含む事業年度）に生じた欠損金額について、その投資額の範囲内で、最大5年間、繰越欠損金の控除限度額を最大100％とする特例が創設された（措法66の11の4）。

# 5 上場株式等の配当等に係る 源泉徴収税率の特例

| 区分＼期間（配当を受ける期間） | 平21.4.1〜 | 平25.1.1〜 | 平26.1.1〜 |
|---|---|---|---|
| 上場株式等の配当 | 所得税　7％<br>（措法9の3①、平20所法附則33②）<br>（他に住民税3％） | 所得税　7％<br>復興特別所得税<br>　　　　0.147％<br>（措法9の3①、平20所法附則33②、復興財確法28）<br>（他に住民税3％） | 所得税　15％<br>復興特別所得税<br>　　　　0.315％<br>（措法9の3①、復興財確法28）<br>（他に住民税5％） |
| 非上場株式等の配当 | 所得税　20％ | 所得税　20％<br>復興特別所得税　0.42％ | |

（注1）平成21年4月1日から平成25年12月31日までの間は軽減税率が適用されている（平20所法附則33②）が平成25年度改正において行われた金融所得課税の見直しに伴い、平成25年12月31日をもって軽減税率の適用は廃止された。

（注2）住民税は個人のみに適用されるので、地方税の配当割は法人株主には適用されない。

（注3）平成25年1月1日から令和19年12月31日までの間に生じる所得について源泉所得税を徴収する際、所得税とともに、所得税額に2.1％の復興特別所得税の源泉徴収が行われる。

# 6 受取配当等の益金不算入

内国法人が下表の配当等の金額を受け取るときは、その配当等の金額のうち、下表の金額は益金に算入しない（法法23、法令19）。

## (1) 益金不算入額

| 株式等の種類 ＼ 事業年度 | 平22.4.1以後開始 | 平27.4.1以後開始 |
|---|---|---|
| 完全子法人株式等（保有割合100％） | 配当等の金額 | |
| 関連法人株式等（保有割合1/3超） | | 配当等－負債利子 |
| 関係法人株式等（保有割合25％以上） | 配当等－負債利子 | |
| その他の株式等 | （配当等－負債利子）×50％ | 配当等の50％ |
| 非支配目的株式等（保有割合5％以下） | | 配当等の20％ |

## (2) 益金不算入の適用等

| 区分 | | 事業年度 | 平22.4.1以後開始 | 平27.4.1以後開始 | 令4.4.1以後開始 |
|---|---|---|---|---|---|
| 負債利子計算簡便法基準年度等 | | 対象法人 | 平22.4.1存在法人 | 平27.4.1存在法人 | |
| | | 基準年度 | 平22.4.1～24.3.31開始の各事業年度 | 平27.4.1～29.3.31開始の各事業年度 | |
| 証券投資信託 | 内国の投資信託 | 収益分配金 | 1/2 | 益金不算入の対象外 [注] | |
| | | 受益証券の帳簿価格 | 1/2 | | |
| | 外貨建証券等が50％超75％以下 | 収益分配金 | 1/4 | 益金不算入の対象外 | |
| | | 受益証券の帳簿価格 | 1/4 | | |
| | 外貨建証券等が75％超 | 収益分配金 | 益金不算入の対象外 | | |
| | | 受益証券の帳簿価格 | | | |
| | 外国の投資信託 | 収益分配金 | 益金不算入の対象外 | | |

（注）特定株式投資信託の収益分配金については、非支配目的株式等として区分し、その収益分配金の20％が益金不算入の対象となる。

# 7 中小企業者等が機械等を取得した場合の特別償却又は税額控除（中小企業投資促進税制）

青色申告書を提出する中小企業者等<sup>(※)</sup>が特定機械装置等を取得した場合に特別償却又は法人税の特別控除（選択適用）ができる（措法42の6、措令27の6、措規20の3）。

（※）適用対象外となる中小企業者等：資本金が1億円以下の法人のうち、発行済株式等の1/2以上を同一の大規模法人に所有されている法人又は発行済株式等の2/3以上を複数の大規模法人に所有されている法人。平成31年4月1日以後開始する事業年度より、前3事業年度における平均所得金額が15億円超である適用除外事業者についても適用対象外となる。

| 区分 | 対象期間 | 平10.6.1～平26.1.19の取得等 | 平26.1.20～平29.3.31の取得等 | 平29.4.1～令7.3.31の取得等 |
|---|---|---|---|---|
| 特定機械装置等<sup>(注1)</sup> | 中小企業者等（資本金等3,000万円超1億円以下） | 特別償却：30% | | |
| | 特定中小企業者（資本金等3,000万円以下） | | | 特別償却：30%又は税額控除：7%【控除限度額：法人税額の20%】<sup>(注2)</sup> |
| 特定機械装置等が特定生産性向上設備等に該当 | 中小企業者等 | 特別償却：30% | 即時償却又は税額控除：7%【控除限度額：法人税額の20%】 | |
| | 特定中小企業者 | 特別償却：30%又は税額控除：7%【控除限度額：法人税額の20%】 | 即時償却又は税額控除：10%【控除限度額：法人税額の20%】 | |

（注1）令3.4.1以後取得より、特定機械装置等に該当する指定事業に不動産業、物品賃貸業及び生活衛生同業組合員が行う、料亭、バー、キャバレー、ナイトクラブその他これらに類する飲食店業が加えられ、令5.4.1以後取得より、対象資産から、コインランドリー業（主要な事業であるものを除く。）の用に供する機械装置でその管理のおおむね全部を他の者に委託するものが除外された。

（注2）当税制と項目14（特定中小企業者等が経営改善設備等を取得した場合の特別償却又は税額控除）と項目15（中小企業者等が特定経営力向上設備等を取得した場合の特別償却又は税額控除）の控除額の合計で法人税額の20%限度。

# 8 国内の設備投資額が増加した場合の特別償却又は税額控除（平27.3.31開始する事業年度まで）

　青色申告法人が、生産設備等を構成する生産等資産の取得等をし、その取得価額の合計金額が次の①及び②のいずれの金額も超える場合において、その事業の用に供したときは、その機械及び装置について特別償却又は税額控除（選択適用）ができる（旧措法42の12の2、旧措令27の12の2）。

① 減価償却資産につき当期の償却費として損金経理した金額

② 前期に取得等した生産等資産で前期末に有するものの取得価額の合計額の110％相当額

| 区分 事業年度 | 平25.4.1～平27.3.31開始する事業年度 |
|---|---|
| 生産設備等を構成する生産等資産（国内事業用の機械及び装置） | 特別償却：30％<br>又は<br>税額控除：3％<br>【控除限度額：法人税額の20％】 |

# 9 生産性向上設備等を取得した場合の特別償却又は税額控除（平29.3.31適用期間で廃止）

　青色申告法人が適用対象資産の取得等をし、国内にあるその法人の事業の用に供したときには、その機械装置について特別償却又は税額控除ができる（旧措法42の12の5、旧措令27の12の5、旧措規20の10）。

　なお、同様な制度が別途創設されている（項目15（中小企業者が特定経営力向上設備等を取得した場合の特別償却又は税額控除））。

| 区分＼対象期間 | 平26.1.20〜平28.3.31の取得等 | 平28.4.1〜平29.3.31の取得等 |
|---|---|---|
| 機械装置など | 即時償却<br>又は<br>税額控除：5％<br>【控除限度額：法人税額の20％】 | 特別償却：50％<br>又は<br>税額控除：4％<br>【控除限度額：法人税額の20％】 |
| 建物、構築物 | 即時償却<br>又は<br>税額控除：3％<br>【控除限度額：法人税額の20％】 | 特別償却：25％<br>又は<br>税額控除：2％<br>【控除限度額：法人税額の20％】 |

※経過措置：平26.3.31前に終了する事業年度に取得等をし、事業の用に供した場合には、平26.4.1を含む事業年度で相当額の償却又は税額控除ができる。

# 10 試験研究を行った場合の法人税の特別控除

青色申告法人の各事業年度において、その事業年度の所得の金額の計算上損金の額に算入される試験研究費の額がある場合には、その法人のその事業年度の所得に対する法人税の額からその試験研究費の一定割合を控除できる（措法42の4）。

## (1) 試験研究費の総額に係る税額控除

| 事業年度／区分 | 平26.4.1～平29.3.31開始 | 平29.4.1～平31.3.31開始 | 平31.4.1～令3.3.31開始 | 令3.4.1～令5.3.31開始 | 令5.4.1～令8.3.31開始 |
|---|---|---|---|---|---|
| 試験研究費の総額等に係る税額控除 | 試験研究費割合：a a≧10%の場合 税額控除率：10% a＞：10%の場合 税額控除：(a×0.2)＋8%〔控除限度額：法人税額の20%(～平27.3.31:30%)〕 | 試験研究費の増減に応じ、6～14%（中小企業者等12～17%）〔控除限度額：法人税額の25%(a＞10%：0～10%上乗せ)〕※下記、高水準型との選択適用 | 試験研究費の増減に応じ、6～14%（中小企業者等12～17%）※増減試験研究費割合の見直しを行うとともに、高水準型を統合〔控除限度額：法人税額の25%(a＞10%：0～10%上乗せ)〕※研究開発を行う一定のベンチャー企業は40% | 試験研究費の増減に応じ、2～14%（中小企業者等12～17%）※増減試験研究費割合の見直しを行うとともに、高水準型を統合〔控除限度額：法人税額の30%(a＞10%：0～10%上乗せ)〕※研究開発を行う一定のベンチャー企業は40% | 試験研究費の増減に応じ、1～14%〔中小企業者等12～17%〕〔控除限度額：法人税額の25%(a＞10%：0～10%上乗せ)〕※研究開発を行う一定のベンチャー企業は40% |

（一般型：令3.4.1～令5.3.31開始 及び 令5.4.1～令8.3.31開始 区分に記載）

| | 事業年度／区分 | 平26.4.1～平29.3.31開始 | 以降（増加型・高水準型は選択適用、平31.4.1以降統合） |
|---|---|---|---|
| 試験研究費の増加額等に係る税額控除 | 増加型 | （試験研究費の額：b－比較試験研究費の額：c）×30%（増加試験研究費＜30%の場合は増加試験県費割合：d）＊d＝(b－c)÷b〔控除限度額：法人税額の10%〕 | |
| | 高水準型 | （b－平均売上金額の10%）×超過税額控除割合(6%下限)〔控除限度額：法人税額の10%〕 | （b－平均売上金額の10%）×超過税額控除割合(6%下限)〔控除限度額：法人税額の10%〕 |

(2) 特別試験研究に係る税額控除（オープンイノベーション型）

| 区分＼事業年度 | | 平27.3.31以前終了 | 平27.4.1～平31.3.31開始 | 平31.4.1～令3.3.31開始 | 令3.4.1～令5.3.31開始 | 令5.4.1～令8.3.31開始 |
|---|---|---|---|---|---|---|
| 特別試験研究費 | 範囲 | 以下の研究に要する費用<br>① 国の試験研究機関等・大学との共同・委託研究<br>② 民間企業との共同研究<br>③ 中小企業者への委託研究等 | 以下の研究に要する費用<br>① 国の試験研究機関等・大学との共同・委託研究<br>② 民間企業との共同研究<br>③ 中小企業者への知的財産権の使用料<br>④ 希少疾病用医薬品等に関する試験研究 | 以下の研究に要する費用<br>① 国の試験研究機関等・大学との共同・委託研究<br>② 研究開発型ベンチャー企業との共同・委託研究<br>③ 民間企業との共同研究<br>④ 中小企業者への知的財産権の使用料<br>⑤ 希少疾病用医薬品等及び特定用途医薬品等に関する試験研究 | 以下の研究に要する費用<br>① 国の試験研究機関等・大学との共同・委託研究<br>② 研究開発型ベンチャー企業との共同・委託研究<br>③ 国公立大学、国立研究開発法人の外部化法人との共同研究・委託研究<br>④ 民間企業との共同研究<br>⑤ 中小企業者への知的財産権の使用料<br>⑥ 希少疾病用医薬品等及び特定用途医薬品等に関する試験研究 | 以下の研究に要する費用<br>① 国の試験研究機関等・大学との共同・委託研究<br>② 特別新事業開拓事業者との共同・委託研究<br>③ 国公立大学、国立研究開発法人の外部化法人との共同研究・委託研究<br>④ 民間企業との共同研究<br>⑤ 中小企業者への知的財産権の使用料<br>⑥ 希少疾病用医薬品等及び特定用途医薬品等に関する試験研究<br>⑦ 新規高度研究業務従事者に対する人件費 |
| | 税額控除率 | 12% | ①：30%<br>②～④：20% | ①：30%<br>②：25%<br>③～⑤：20% | ①：30%<br>②～③：25%<br>④～⑥：20% | ①：30%<br>②～③：25%<br>④～⑦：20% |
| | 控除限度額 | 一般試験研究費の控除限度額の枠内 | 法人税額の5％（別枠） | 法人税額の10％（別枠） | 法人税額の10％（別枠） | 法人税額の10％（別枠） |

(3) 中小企業技術基盤強化税制

　　適用対象法人は、青色申告書を提出する中小企業者等（項目7（中小企業投資促進税制）の（※）適用対象外となる中小企業者等を除く）。

| 区分 ＼ 事業年度 | 平27.4.1以後開始 | 平29.4.1～平31.3.31開始 | 平31.4.1～令3.3.31開始 | 令3.4.1～令5.3.31開始 | 令5.4.1～令8.3.31開始 |
|---|---|---|---|---|---|
| 控除限度額 | 試験研究費の額×12%〔控除限度額：法人税額の25%〕 | ・増減試験研究割合＞5%税額控除割合：12～17%〔控除限度額：法人税額の35%〕・増減試験研究割合≦5%試験研究費の額×12%〔控除限度額：法人税額の25%〕 | ・増減試験研究割合＞8%税額控除割合：12～17%〔控除限度額：法人税額の35%〕・増減試験研究割合≦8%試験研究費の額×12%〔控除限度額：法人税額の25%〕(注)※増減試験研究費割合の見直しを行うとともに、高水準型を統合し、中小企業から除外されるみなし大企業について見直しを行った | 基準年度比売上金額の減少額≧2%かつ試験研究費が増加した場合税額控除の上限に法人税額の5%を上乗せ・増減試験研究割合＞9.4%税額控除割合：12～17%〔控除限度額：法人税額の35%〕・増減試験研究割合≦9.4%試験研究費の額×12%〔控除限度額：法人税額の25%〕(注)※増減試験研究費割合の見直しを行うとともに、高水準型を統合 | ・増減試験研究費割合＞12%税額控除割合：12～17%〔控除限度額：法人税額の35%〕・増減試験研究費割合≦12%税額控除割合：試験研究費の額×12%〔控除限度額：法人税額の25%〕(注) |

（注）試験研究費割合＞10%の場合は、法人税額×（試験研究費割合－10%）×2（控除率10%上限）が控除限度額に上乗せ。控除率は、控除率＋控除割増率（（試験研究費割合－10%）×0.5）。ただし、増減試験研究費割合＞8%（平31.4.1～令3.3.31開始）、同＞9.4%（令3.4.1～令5.3.31開始）及び同＞12%（令5.4.1～令8.3.31開始）において、控除額＝法人税額の35%の規定を受ける場合は適用なし。

(4) 別枠の税額控除制度（高水準型）

| 区分 ＼ 事業年度 | 平20.4.1～平31.3.31開始 | 平31.4.1～ |
|---|---|---|
| 適用要件 | 試験研究費割合＞10% | 廃止 |
| 控除限度額 | （試験研究費の額－平均売上金額10%）×（試験研究費割合－10%）×0.2【控除限度額：法人税額の10%】 | |

# 11 エネルギー環境負荷低減推進設備等を取得した場合の特別償却又は税額控除（平成30年3月31日をもって廃止）

　青色申告法人が、指定期間に取得等して、その取得等の日から１年以内に事業の用に供したエネルギー環境負荷低減推進設備等については特別償却（中小企業者等は特別償却と税額控除の選択適用）ができる（措法42の５、措令27の５、措規20の２）。

| 区分 | | 対象期間<br>平25.4.1～<br>平27.3.31<br>の取得等 | 平27.4.1～<br>平28.3.31<br>の取得等 | 平28.4.1～<br>平30.3.31<br>の取得等 |
|---|---|---|---|---|
| エネルギー環境負荷低減推進設備等 | 中小企業者等 | 特別償却：30％<br>又は<br>税額控除：７％<br>【控除限度額：法人税額の20％】 | | |
| | 上記以外の法人 | 特別償却：30％ | | |
| 特定エネルギー環境負荷低減推進設備等 | 中小企業者等 | 即時償却<br>又は<br>税額控除：７％<br>【控除限度額：法人税額の20％】 | 特別償却：30％<br>又は<br>税額控除：７％<br>【控除限度額：法人税額の20％】 | |
| | 上記以外の法人 | 即時償却 | 特別償却：30％ | |
| 新エネルギー利用設備等又は二酸化炭素排出抑制設備等 | 中小企業者等 | | | 特別償却：30％<br>又は<br>税額控除：７％<br>【控除限度額：法人税額の20％】 |
| | 上記以外の法人 | | | 特別償却：30％ |

105

# 12 雇用者数が増加した場合の法人税額の特別控除（雇用促進税制）（平成30年3月31日をもって廃止）

　青色申告法人が適用年度において、当期末の雇用者の数が前期末の雇用者の数に比して5人以上（中小企業者等は2人以上）及び10％以上増加しているなどの要件を満たす場合には、40万円にその増加した雇用者の数を乗じた金額の税額控除ができる（旧措法42の12、旧措令27の12）。

　なお、この制度は平成30年3月31日をもって廃止された。

| 事業年度<br>区分 | 平25.4.1～<br>28.3.31開始 | 平28.4.1～<br>平30.3.31開始 |
|---|---|---|
| 中小企業者等 | （基準雇用者数－地方事業所基準雇用者）×40万円【控除限度額：法人税額の20％】 | 特定地域基準雇用者数×40万円【控除限度額：法人税額の20％】 |
| 上記以外の法人 | （基準雇用者数－地方事業所基準雇用者）×40万円【控除限度額：法人税額の10％】 | 特定地域基準雇用者数×40万円【控除限度額：法人税額の10％】 |

# 13 雇用者給与等の支給額が増加した場合の法人税の特別控除（賃上げ促進税制）

　青色申告法人が適用年度に国内雇用者に対して給与を支給する場合において、適用要件を全て満たすときには、税額控除ができる（措法42の12の5、旧措法42の12の4、措令27の12の5）。

1　平成25年度～令和2年度

(1)　中小企業者等（資本金1億円以下の法人）<sup>(注1)</sup>

| 　　　　事業年度<br>項目 | 平25.4.1～<br>平26.3.31開始 | 平26.4.1～<br>平27.3.31開始 | 平27.4.1～<br>平28.3.31開始 | 平28.4.1～<br>平29.3.31開始 | 平29.4.1～<br>平30.3.31開始 |
|---|---|---|---|---|---|
| 適用要件 | 次の①～③を満たすこと<br>①　雇用者給与等支給額が基準年度<sup>(注2)</sup>比で次の割合以上増加 | | | | |
| | 2% | | | 3% | |
| | ②　雇用者給与等支給額が前年度以上<br>③　平均給与等支給額が前年度以上（平成26年度以降は、継続雇用者の平均給与等支給額が前年度を上回ることに変更） | | | | |
| 上乗せ要件 | ― | | | | 継続雇用者の平均給与等支給額が前年度比2%以上増加 |
| 税額控除 | 雇用者給与等支給額の基準年度<sup>(注2)</sup>比増加額の10% | | | | |
| 上乗せ措置 | ― | | | | 雇用者給与等支給増加額（前年度比）の12%加算 |
| 控除限度額 | 法人税額の20% | | | | |

| 　　　　事業年度<br>項目 | 平30.4.1～<br>令3.3.31開始 |
|---|---|
| 適用要件 | 継続雇用者給与等支給額が前年度比で1.5%以上増加 |
| 上乗せ要件 | 同上2.5%以上増加かつ、教育訓練費が前年度比10%以上増加又は認定を受けた経営力向上計画に基づく経営力向上 |
| 税額控除 | 雇用者給与等支給増加額（前年度比）の15% |
| 上乗せ措置 | 同上10%加算 |
| 控除限度額 | 法人税額の20% |

（注1）項目7（中小企業投資促進税制）の（※）適用対象外となる中小企業者等を除く。
（注2）平成25年4月1日以後最初に開始する事業年度の直前の事業年度をいう。

(2) 全法人（大企業向け）

| 項目 ＼ 事業年度 | 平25.4.1～平26.3.31開始 | 平26.4.1～平27.3.31開始 | 平27.4.1～平28.3.31開始 | 平28.4.1～平29.3.31開始 | 平29.4.1～平30.3.31開始 |
|---|---|---|---|---|---|
| 適用要件 | 次の①～③を満たすこと ① 雇用者給与等支給額が基準年度<sup>(注2)</sup>比で次の割合以上増加 | | | | |
| | 2％ | 3％ | 4％ | 5％ | |
| | ② 雇用者給与等支給額が前年度以上 ③ 平均給与等支給額が前年度以上 （③について、平成26～28年度は、継続雇用者の平均給与等支給額が前年度を上回ること、平成29年度は、継続雇用者の平均給与等支給額が前年度比で2％以上増加にそれぞれ変更） | | | | |
| 上乗せ要件 | － | | | | |
| 税額控除 | 雇用者給与等支給額の基準年度<sup>(注2)</sup>比増加額の10％ | | | | |
| 上乗せ措置 | － | | | | 雇用者給与等支給増加額（前年度比）の2％加算 |
| 控除限度額 | 法人税額の10％ | | | | |

| 項目 ＼ 事業年度 | 平30.4.1～令3.3.31開始 |
|---|---|
| 適用要件 | 次の①～③を満たすこと ① 継続雇用者給与等支給額が前年度比で3％以上増加 ② 国内設備投資額が当期の減価償却費の総額の90％以上（令和2年度は95％以上） ③ 雇用者給与等支給額が前年度を上回ること |
| 上乗せ要件 | 教育訓練費が前年度・前々年度の平均の20％以上増加 |
| 税額控除 | 雇用者給与等支給増加額（前年度比）の15％ |
| 上乗せ措置 | 同上5％加算 |
| 控除限度額 | 法人税額の20％ |

## 2　令和3年度～現行

### (1)　中小企業者等（資本金1億円以下の法人）(注1)

| 事業年度 項目 | | 令3.4.1～令4.3.31開始 | 令4.4.1～令6.3.31開始 | 令6.4.1～令9.3.31開始 |
|---|---|---|---|---|
| 適用要件 | | ①雇用者給与等支給額が前年度比で1.5%以上増加 | | |
| | | － | ②同上2.5%以上増加 | |
| | 上乗せ要件 | 同上2.5%以上増加、かつ、教育訓練費が前年度比10%以上増加又は認定を受けた経営力向上計画に基づく経営力向上 | 教育訓練費が前年度比10%以上増加 | A　教育訓練費が前年度比5%以上増加、かつ、教育訓練費÷雇用者給与等支給額≧0.05%<br>B　くるみん又はえるぼし(注3)2段階目以上 |
| 税額控除 | | 要件①の場合：雇用者給与等支給増加額（前年度比）の15% | | |
| | | － | 要件②の場合：同上30% | |
| | 上乗せ措置 | 同上10%加算 | | 要件Aの場合：同上10%加算<br>要件Bの場合：同上5%加算 |
| 控除限度額 | | 法人税額の20% | | |
| その他 | | － | | 5年間の繰越控除可：繰越控除する年度は雇用者給与等支給額が前年度を上回ることが要件 |

（注3）くるみん：仕事と子育ての両立サポートや、多様な労働条件・環境設備等に積極的に取り組む企業に対する厚生労働大臣の認定
　　　　えるぼし：女性の活躍推進に関する状況や取組等が優良な企業に対する厚生労働大臣の認定

### (2)　全法人（大企業向け）

| 事業年度 項目 | | 令3.4.1～令4.3.31開始 | 令4.4.1～令6.3.31開始 | 令6.4.1～令9.3.31開始 |
|---|---|---|---|---|
| 適用要件 | | 新規雇用者給与等支給額が前年度比で2%以上増加かつ、雇用者給与等支給額が前年度を上回る | ①継続雇用者給与等支給額が前年度比で3%以上増加 | |
| | | | ②同上4%以上増加 | |
| | | | － | ③同上5%以上増加 |
| | | | | ④同上7%以上増加 |
| | 上乗せ要件 | 教育訓練費が前年度比20%以上増加 | | A　教育訓練費が前年度比10%以上増加、かつ、教育訓練費÷雇用者給与等支給額≧0.05%<br>B　プラチナくるみん又はプラチナえるぼし(注3) |

| 項目＼事業年度 | | 令3.4.1～令4.3.31開始 | 令4.4.1～令6.3.31開始 | 令6.4.1～令9.3.31開始 |
|---|---|---|---|---|
| 税額控除 | | 新規雇用者給与等支給額（雇用者給与等支給増加額（前年度比）が上限）の15% | 要件①の場合：雇用者給与等支給増加額（前年度比）の15% | 要件①の場合：雇用者給与等支給増加額（前年度比）の10% |
| | | | 要件②の場合：同上25% | 要件②の場合：同上15% |
| | | | | 要件③の場合：同上20% |
| | | | | 要件④の場合：同上25% |
| | 上乗せ措置 | 同上5％加算 | 同上5％加算 | 要件Aの場合：同上5％加算 要件Bの場合：同上5％加算 |
| 控除限度額 | | 法人税額の20% | | |
| マルチステークホルダー方針(注4)公表要件 | | － | 資本金10億円以上かつ従業員が1,000人以上の場合必要 | ① 同左の場合 又は ② 従業員が2,000人を超える場合必要 |

（注4）従業員や取引先等の様々なステークホルダーとの関係の構築の方針として、賃金引上げ、教育訓練等の実施、取引先との適切な関係の構築、等の方針を記載したものをいう。

(3) 常時使用する従業員数が2,000人以下である法人（中堅企業向け）

| 項目＼事業年度 | | 令6.4.1～令9.3.31開始 |
|---|---|---|
| 適用要件 | | ① 継続雇用者給与等支給額が前年度比で3％以上増加 |
| | | ② 同上4％以上増加 |
| | 上乗せ要件 | A 教育訓練費が前年度比10％以上増加、かつ、教育訓練費÷雇用者給与等支給額≧0.05%<br>B プラチナくるみん又はえるぼし(注3)3段階目以上 |
| 税額控除 | | 要件①の場合：雇用者給与等支給増加額（前年度比）の10% |
| | | 要件②の場合：同上25% |
| | 上乗せ措置 | 要件Aの場合：同上5％加算<br>要件Bの場合：同上5％加算 |
| 控除限度額 | | 法人税額の20% |
| その他 | | 資本金10億円以上かつ従業員が1,000人以上の場合、上記要件のほかにマルチステークホルダー方針(注4)の公表が必要 |

# 14 特定中小企業者等が経営改善設備等を取得した場合の特別償却又は税額控除（商業・サービス業・農林水産業活性化税制）（令和3年3月31日をもって廃止）

青色申告法人で認定経営革新等支援機関等による経営改善に関する指導及び助言を受けた中小企業者等（項目7（中小企業投資促進税制）の（※）適用対象外となる中小企業者等を除く）が、指定期間にその指導及び助言を受けて行い経営改善のための設備を取得等して指定事業の用に供したときは、特別償却（一定の特定中小事業者等は、特別償却又は税額控除の選択適用）ができる（措法42の12の3、措令27の12の3、措規20の8）。

| 区分　　　　　　　　対象期間 | 平25.4.1〜令3.3.31の取得等 |
|---|---|
| 特定中小企業者等<br>（資本金等3,000万円超1億円以下） | 特別償却：30％ |
| 一定の特定中小企業者等<br>（資本金等3,000万円以下） | 特別償却：30％<br>又は<br>税額控除：7％<br>【控除限度額：法人税額の20％】(注) |

（注）当税制と項目7（中小企業者等が機械等を取得した場合の特別償却又は税額控除）と項目15（中小企業者等が特定経営力向上設備等を取得した場合の特別償却又は税額控除）の控除額の合計で法人税額の20％限度。

# 15 中小企業者等が特定経営力向上設備等を取得した場合の特別償却又は税額控除（中小企業経営強化税制）

青色申告書を提出する中小企業者等（項目7（中小企業投資促進税制）の（※）適用対象外となる中小企業者等を除く）が中小企業等経営強化法の認定を受けた経営力向上計画に基づき適用対象資産の取得等をし、指定事業の国内にあるその法人の事業の用に供したときには、その対象資産について特別償却又は税額控除ができる（措法42の12の4、措令27の12の4、措規20の9）。

なお、その事業年度の確定申告書に経営力向上計画の申請書の写し及びその認定書の写し並びに以下の類型に応じた書類（いずれも写し）の添付が必要となる。

(1) A類型：工業会証明書

(2) B類型：経済産業省の確認書（税理士又は公認会計士の事前確認が必要）

| 区分 ＼ 対象期間 | 平29.4.1～令7.3.31の取得等 |
|---|---|
| 生産性向上設備（A類型） | 即時償却<br>又は<br>税額控除：10％（特定中小企業者等[注1]）<br>：7％（特定中小企業者等以外の中小企業者等）<br>【控除限度額：法人税額の20％】[注2] |
| 収益力強化設備（B類型） | |
| デジタル化設備（C類型） | |
| 経営資源集約化設備（D類型） | |

（注1）資本金の額又は出資金の額が3,000万円以下の中小企業者等。
　　　　なお、令和5年4月1日以後取得より、対象資産から、コインランドリー業又は暗号資産マイニング業（主要な事業であるものを除く。）の用に供する資産でその管理のおおむね全部を他の者に委託するものが除外された。

（注2）当税制と項目7（中小企業者等が機械等を取得した場合の特別償却又は税額控除）と項目14（特定中小企業者等が経営改善設備等を取得した場合の特別償却又は税額控除）の控除額の合計で法人税額の20％限度。

# 16 中小企業者等が特定事業継続力強化設備等を取得等した場合の特別償却（中小企業防災・減災投資促進税制）

　青色申告書を提出する中小企業者等（項目7（中小企業投資促進税制）の（※）適用対象外となる中小企業者等を除く）又はこれに準ずる一定の法人のうち中小企業等経営強化法の認定を受けたものが、その認定に係る事業継続力強化計画等に記載された設備等の認定を受けた日から1年を経過する日までに取得等して事業の用に供したときは、特別償却ができる（措法44の2）。

　なお、税額控除の適用はない。

| 区分＼対象期間 | 令元.7.16〜令5.3.31の取得等 | 令5.4.1〜令7.3.31の取得等 | 令7.4.1〜令8.3.31の取得等 |
|---|---|---|---|
| 中小企業者等（資本金等3,000万円超1億円以下） | 特別償却：20% | 特別償却：18% | 特別償却：16%<sup>（注）</sup> |

（注）令和7年3月31日までに事業継続力強化計画等の認定を受けた中小企業者等が対象となる。

# 17 認定地方公共団体の寄附活用事業に関連する寄附をした場合の法人税額の特別控除（企業版ふるさと納税）

青色申告法人が下表の期間に特定寄附金<sup>(注)</sup>を支出する場合に適用できる。対象となる寄附金については、損金算入に加えて、下表の金額を税額から控除できる（措法42の12の2、地法附則8の2の2①③⑦⑨、9の2の2）。

なお、適用に当たっては、確定申告書に明細書を添付し、かつ、特定寄附金に該当することを証する一定の書類を保存する必要がある。

| 区分 | 支出期間 | 平28.4.20～令元.9.30 | 令元.10.1～令2.3.31 | 令2.4.1～令7.3.31 |
|---|---|---|---|---|
| 法人事業税 | 控除額 | 寄附金額×10% | | 寄附金額×20% |
| | 控除限度額 | 法人事業税額の20% | 法人事業税額の15% | 法人事業税額の20% |
| 法人道府県民税 | 控除額 | 寄附金額×5% | 寄附金額×2.9% | 寄附金額×5.7% |
| | 控除限度額 | 法人道府県民税法人税割額の20% | | |
| 法人市町村民税 | 控除額 | 寄附金額×15% | 寄附金額×17.1% | 寄附金額×34.3% |
| | 控除限度額 | 法人市町村民税法人税割額の20% | | |
| 法人税 | 控除額 | 次のいずれか少ない金額<br>① 寄附金額×20%－（道府県民税＋市町村民税）<br>② 寄附金額×10% | | 次のいずれか少ない金額<br>① 寄附金額×40%－同左<br>② 寄附金額×10% |
| | 控除限度額 | 法人税額の5% | | |

（注）認定地方公共団体に対して、その認定地方公共団体が、まち・ひと・しごと創生寄附活用事業に関連する寄附金（その寄附をした者がその寄附によって設けられた設備を専属的に利用することその他特別の利益がその寄附をした者に及ぶと認められるものを除く）。

なお、①1法人における1事業当たりの寄附金額の下限は10万円、②主たる事務所が立地する地方公共団体に寄附を行う場合は、対象から除外。

# 18 収用等の特別控除

法人が有する資産が各規定に該当する場合において各譲渡区分に該当するときは、各譲渡区分における特別控除ができる。

| 譲渡区分 | 特別控除額 |
|---|---|
| 収用換地等（措法65の２） | 5,000万円 |
| 特定土地区画整理事業等（措法65の３） | 2,000万円 |
| 特定住宅地整理事業等（措法65の４） | 1,500万円 |
| 農地保有の合理化（措法65の５） | 800万円 |
| 特定の長期所有土地等（措法65の５の２） | 1,000万円<sup>(注)</sup> |
| 特別控除合計限度額（措法65の６） | 5,000万円 |

（注）平成21年１月１日から平成22年12月31日までの期間内に取得した国内の土地等で一定の要件を満たすものに限る。

# 19 特定の資産の買換えの圧縮限度額

　法人が対象期間内に有する特定の資産の譲渡をした場合において、その譲渡の日を含む事業年度において、特定の資産（買換資産）の取得をし、かつ、その取得の日から一年以内に、その取得をした買換資産を一定の地域内にあるその法人の事業の用に供したとき、又は供する見込みであるときは、その買換資産につき、圧縮限度額の範囲内でその帳簿価額を損金経理により減額し、又はその帳簿価額を減額することに代えてその圧縮限度額以下の金額をその事業年度の確定した決算において積立金として積み立てる方法により経理したときに限り、その減額し、又は経理した金額に相当する金額は、その事業年度の所得の金額の計算上、損金の額に算入する。ただし、過疎地域に係る措置及び危険密集市街地に係る措置は、令和３年３月31日をもって廃止された（措法65の７）。

| 区分 ＼ 譲渡時期 | 令和８年３月31日までに譲渡 |
|---|---|
| 圧縮限度額 | 圧縮基礎取得価額×差益割合×$\dfrac{80}{100}$（原則） |

# 20 交際費等の損金不算入

　法人が支出する交際費等について、各事業年度において下表の金額が損金不算入となる（措法61の4）。

| 事業年度＼区分 | 平25.4.1前開始 | 平25.4.1～平26.3.31開始 | 平26.4.1～令2.3.31開始 | 令2.4.1～令9.3.31開始 |
|---|---|---|---|---|
| 期末資本金等の額が1億円以下の法人(注) | ・交際費等の額≦年600万円の場合　交際費等の額×10%<br>・交際費等の額＞年600万円の場合（交際費等の額－600万円）＋600万円×10% | 交際費等の額－800万円 | ① 交際費等の額－800万円<br>② 交際費等の額－接待飲食費の額×50%<br>のいずれかの選択適用 | |
| 期末資本金等の額が1億円超100億円以下の法人 | 交際費等の額 | | 交際費等の額－接待飲食費の額×50% | |
| 期末資本金等の額が100億円超の法人 | | | | 交際費等の額 |

（注）資本金が5億円以上の大法人による完全支配関係がある法人等一定の場合を除く。
（※）交際費等から除かれる飲食費
　平18.4.1以後開始事業年度より、交際費等の範囲から、一人当たり5,000円以下の飲食費が除外された。
　なお、令6.4.1以後支出する飲食費については、一人当たり5,000円以下とされていた金額基準が10,000円以下に引き上げられた（措法61の4⑥二、措令37の5①）。

# 1 消費税率

　令和元年10月1日から消費税及び地方消費税の税率が10％（消費税率7.8％＋地方消費税率2.2％）に引き上げられた。この引上げ時期と同時に消費税の軽減税率制度が実施され、飲食料品等については軽減税率8％（消費税率6.24％＋地方消費税率1.76％）となっている（消法29、地法72の83）。

| 適用開始日 / 区分 | 平成元年4月1日以降 | 平成9年4月1日以降 | 平成26年4月1日以降 | 令和元年10月1日以降 | |
|---|---|---|---|---|---|
| | | | | 標準税率 | 軽減税率（飲食料品等） |
| 消費税率 | 3％ | 4％ | 6.3％ | 7.8％ | 6.24％ |
| 地方消費税率 | － | 1％ | 1.7％ | 2.2％ | 1.76％ |
| 合計 | 3％ | 5％ | 8％ | 10％ | 8％ |

（注1）引上げ税率は、適用開始日以後に行われる資産の譲渡等、課税仕入れ及び保税地域から引き取られる課税貨物に適用される。

（注2）適用開始後に行われる資産の譲渡等のうち、一定のものについては、改正前の税率を適用するなどの経過措置が講じられる。

（注3）軽減税率の対象となる飲食料品の譲渡等は酒類を除く食品表示法に規定する食品をいう。食品表示法に規定する食品とは、人の飲用又は食用に供されるものをいう。なお、外食やケータリング等は、軽減税率の対象とはならない。

　　　その他、週2回以上発行される新聞（定期購読契約に基づくもの）は軽減税率の対象。

# 2 税率引上げに伴う経過措置

令和元年10月1日から適用された10％への税率引上げ後においても改正前の税率（8％）が適用される主な取引は以下のとおり。

| 主な経過措置の内容 | |
|---|---|
| (1) 旅客運賃等<br>令和元年10月1日以後に行う旅客運送の対価や映画・演劇を催す場所、競馬場、競輪場、美術館、遊園地等への入場料金等のうち、平成26年4月1日から令和元年9月30日までの間に領収しているもの | 前回適用開始日 平26.4.1　適用開始日 令元.10.1<br>対価受領　入場等 |
| (2) 電気料金等<br>継続供給契約に基づき、令和元年10月1日前から継続して供給している電気、ガス、水道、電話、灯油に係る料金等で、令和元年10月1日から令和元年10月31日までの間に料金の支払いを受ける権利が確定するもの | 令元.10.31<br>継続供給　権利確定 |
| (3) 請負工事等<br>平成25年10月1日から平成31年3月31日までの間に締結した工事（製造を含む）に係る請負契約（一定の要件に該当する測量、設計及びソフトウエアの開発等に係る請負契約を含む）に基づき、令和元年10月1日以後に課税資産の譲渡等を行う場合における、当該課税資産の譲渡等 | 前回指定日 平25.10.1　指定日 平31.4.1<br>契約　譲渡等 |
| (4) 資産の貸付け<br>平成25年10月1日から平成31年3月31日までの間に締結した資産の貸付けに係る契約に基づき、令和元年10月1日前から同日以後引き続き貸付けを行っている場合（一定の要件に該当するものに限る）における、令和元年10月1日以後に行う当該資産の貸付け | 契約　貸付け |
| (5) 指定役務の提供<br>平成25年10月1日から平成31年3月31日までの間に締結した役務の提供に係る契約で当該契約の性質上役務の提供の時期をあらかじめ定めることができないもので、当該役務の提供に先立って対価の全部又は一部が分割で支払われる契約（割賦販売法に規定する前払式特定取引に係る契約のうち、指定役務の提供に係るものをいう）に基づき、令和元年10月1日以後に当該役務の提供を行う場合において、当該役務の内容が一定の要件に該当する役務の提供 | 契約　指定役務 |

消費税関係　税率引上げに伴う経過措置

| 内容 | 図 |
|---|---|
| (6)　予約販売に係る書籍等<br>　平成31年4月1日前に締結した不特定多数の者に対する定期継続供給契約に基づき譲渡する書籍その他の物品に係る対価を令和元年10月1日前に領収している場合で、その譲渡が令和元年10月1日以後に行われるもの<br>※軽減税率が適用される取引は、本経過措置の適用はない。 | 契約　　対価受領　　定期供給<br>〇ーーーーー□ーー△ー△ー→ |
| (7)　特定新聞<br>　不特定多数の者に週、月その他の一定の期間を周期として定期的に発行される新聞で、発行者が指定する発売日が令和元年10月1日前であるもののうち、その譲渡が令和元年10月1日以後に行われるもの<br>※軽減税率が適用される取引は、本経過措置の適用はない。 | 指定発売日　　譲渡<br>□ーーーーー△ |
| (8)　通信販売<br>　通信販売の方法により商品を販売する事業者が、平成31年4月1日前にその販売価格等の条件を提示し、又は提示する準備を完了した場合において、令和元年10月1日前に申込みを受け、提示した条件に従って令和元年10月1日以後に行われる商品の販売<br>※軽減税率が適用される取引は、本経過措置の適用はない。 | 指定日<br>平31.4.1<br>条件提示　　申込　　譲渡<br>□ーーーーー□ーーー△ |
| (9)　有料老人ホーム<br>　平成25年10月1日から平成31年3月31日までの間に締結した有料老人ホームに係る終身入居契約（入居期間中の介護料金が入居一時金として支払われるなど一定の要件を満たすものに限る。）に基づき、令和元年10月1日前から同日以後引き続き介護に係る役務の提供を行っている場合における、令和元年10月1日以後に行われる当該入居一時金に対応する役務の提供 | 前回指定日<br>平25.10.1<br>契約　　介護サービス<br>〇ーーーー△ーーー→ |
| (10)　特定家庭用機器再商品化法（家電リサイクル法）に規定する再商品化等<br>　家電リサイクル法に規定する製造業者等が、同法に規定する特定家庭用機器廃棄物の再商品化等に係る対価を令和元年10月1日前に領収している場合（同法の規定に基づき小売業者が領収している場合も含む）で、当該対価の領収に係る再商品化等が令和元年10月1日以後に行われるもの | 対価受領　　再商品化等<br>□ーーーーー△ |

（注）上記以外にも消費税法の適用に関して所要の経過措置が設けられている。

（国税庁 HP 参考）

# 3 小規模事業者の納税義務の免除

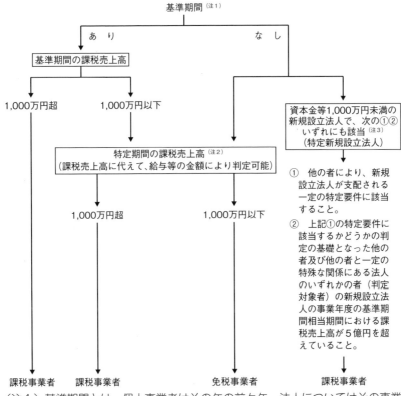

基準期間<sup>(注1)</sup>

あり　　　　　　　　なし

基準期間の課税売上高

1,000万円超　　　　1,000万円以下

特定期間の課税売上高<sup>(注2)</sup>
（課税売上高に代えて、給与等の金額により判定可能）

1,000万円超　　　　1,000万円以下

資本金等1,000万円未満の
新規設立法人で、次の①②
いずれにも該当<sup>(注3)</sup>
（特定新規設立法人）

① 他の者により、新規
設立法人が支配される
一定の特定要件に該当
すること。
② 上記①の特定要件に
該当するかどうかの判
定の基礎となった他の
者及び他の者と一定の
特殊な関係にある法人
のいずれかの者（判定
対象者）の新規設立法
人の事業年度の基準期
間相当期間における課
税売上高が5億円を超
えていること。

課税事業者　　課税事業者　　　　免税事業者　　　　課税事業者

（注1）基準期間とは、個人事業者はその年の前々年、法人についてはその事業
　　　　年度の前々事業年度をいう。
（注2）平成25年1月1日以後に開始する年又は事業年度について適用される。
　　　　上半期（6か月間）の判定期間のことを特定期間という。特定期間は、個
　　　　人事業者の場合はその年の前年の1月1日から6月30日までの期間、法人
　　　　の場合は原則として、その事業年度の前事業年度開始の日以後6か月の期
　　　　間となる。なお、新たに設立した法人で決算変更を行った法人等は、その
　　　　法人の設立日や決算期変更の時期がいつかにより、特定期間が異なる場合
　　　　がある。
（注3）平成26年4月1日以後に設立される法人について適用される。
　　　　　特定要件とは、他の者により新規設立法人の発行済株式又は出資（その
　　　　新規設立法人が有する自己の株式又は出資を除く）の総数又は総額の100

分の50を超える数又は金額の株式又は出資が、直接又は間接に保有される場合その他の他の者により新規設立法人が支配される場合として一定の場合をいう（消法９、９の２、12の２、12の３、消令25の２、25の４）。

## 注意点

1　基準期間における課税売上高による納税義務の判定では、課税事業者となることを選択している場合又は他の納税義務の免除の特例の適用を受ける場合には、納税義務の免税は適用されない。
2　資本金等1,000万円以上の法人の設立当初２年間の納税義務の免除は適用されない。
3　次の期間（簡易課税制度の適用を受ける課税期間を除く）中に、調整対象固定資産（固定資産等のうち一の取引単位につき税抜100万円以上のもの）を取得した場合には、その取得があった課税期間を含む３年間は引き続き事業者免税制度が適用できない。また、簡易課税制度を適用して申告することもできない。
①　課税事業者を選択することにより、事業者免税制度の適用を受けないこととした事業者の当該選択の強制適用期間（２年間）
②　資本金1,000万円以上の新設法人及び特定新規設立法人につき、事業者免税制度を適用しないこととされる設立当初の期間（２年間）
4　課税事業者が、簡易課税制度の適用を受けない課税期間中に高額特定資産（一の取引単位につき税抜1,000万円以上の棚卸資産及び調整対象固定資産。ただし、金・白金等はその課税期間において取得した合計額が200万円以上のもの（令和６年４月１日以後に仕入れ等を行った場合に適用））の仕入れ等を行った場合には、高額特定資産の仕入れ等の日の属する課税期間の翌課税期間から、当該高額特定資産の仕入れ等の日の属する課税期間の初日以後３年を経過する日の属する課税期間までの各課税期間は納税義務が免除されない（平成28年４月１日以後に高額特定資産の仕入れ等を行った場合に適用）。

（参考）消費税免税点制度の推移

| | 適用上限（基準期間の課税売上高） | |
|---|---|---|
| 平成元年創設時 | 3,000万円 | |
| 平成９年４月１日以降に開始する課税期間 | | 資本金1,000万円以上の新設法人は不適用<br>※設立後２年間に限る |
| 平成16年４月１日以降に開始する課税期間 | 1,000万円 | |
| 平成25年１月１日以降に開始する課税期間 | | 前年又は前事業年度上半期の課税売上高（又は給与支払額）が1,000万円を超える事業者は不適用 |
| 平成26年４月１日以降に開始する課税期間 | | 資本金1,000万円未満の新設法人のうち、課税売上高５億円超の事業者等がグループで50％超出資して設立された法人は不適用<br>※設立後２年間に限る |

# 4 仕入控除税額の計算方法

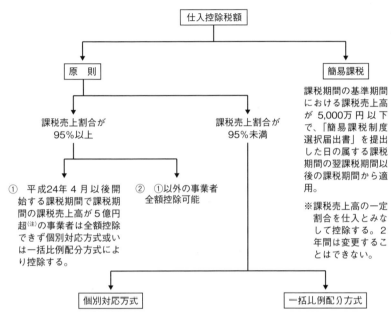

個別対応方式

その課税期間中の課税仕入れ等に係る消費税額のすべてを、下記イ〜ハに区分し算式にあてはめる。
イ　課税売上にのみ要する課税仕入れ等に係るもの
ロ　非課税売上にのみ要する課税仕入れ等に係るもの
ハ　課税売上げと非課税売上げに共通して要する課税仕入れ等に係るもの

算式：仕入控除税額＝イ＋（ハ × 課税売上割合）

※この方式は上記イ〜ハの区分がされている場合に限り、採用することができる。

一括比例配分方式

課税仕入れ等に係る消費税額が個別対応方式のイ、ロ、ハのように区分されていない場合又は区分されていてもこの方式を選択する場合に適用される。

算式：仕入控除税額＝課税仕入れ等に係る消費税額
　　　　　　　　　　×課税売上割合

※一括比例配分方式を選択した場合には、2年間以上継続して適用した後でなければ、個別対応方式に変更することはできない。

（注）当課税期間が1年に満たない場合には、当課税期間の課税売上高を当課税期間の月数で除し、これに12を乗じて算出した金額（年換算した金額）で判定する（消法30、37）。

# 5 軽減税率制度実施後の仕入税額控除の要件

　令和元年10月の消費税率等の引き上げ及び軽減税率の導入により、請求書の記載方法が令和元年10月１日から、「区分記載請求書保存方式」に変更され、令和５年10月１日からは「適格請求書等保存方式」が導入された。

| | 請求書等保存方式<br>（令和元年９月30日まで） | 区分記載請求書等保存方式<br>（令和元年10月〜） | 適格請求書等保存方式<br>（令和５年10月〜） |
|---|---|---|---|
| 請求書・帳簿書類記載事項 | ・請求書発行者の氏名又は名称<br>・取引年月日<br>・取引の内容<br>・対価の額（税込）<br>・請求書受領者の氏名又は名称<sup>(注)</sup><br>（注）小売業者、飲食店等の場合は省略可 | ・請求書発行者の氏名又は名称<br>・取引年月日<br>・取引の内容<br>・請求書受領者の氏名又は名称<br>・軽減税率対象品であることがわかる表示<br>・税率ごとに区分して合計した税込対価の額 | ・請求書発行者の氏名又は名称及び登録番号<br>・取引年月日<br>・取引の内容<br>・請求書受領者の氏名又は名称<br>・軽減対象品であることがわかる表示<br>・税率ごとに区分して合計した税抜又は税込対価の額<br>・税率ごとに区分して合計した消費税額等 |
| 交付義務 | 交付義務なし・類似書類等交付の罰則なし<br>※免税事業者も発行可 | 交付義務なし・類似書類等交付の罰則なし<br>※免税事業者も発行可 | 交付義務あり・類似書類等交付の罰則あり<sup>(注1)</sup><br>※免税事業者は発行不可 |
| 仕入税額控除要件 | 帳簿及び請求書等の保存が要件<br>※免税事業者からの仕入税額控除可 | 帳簿及び区分記載請求書等（交付を受けた事業者が追記した区分記載請求書等を含む。）の保存が要件<br>※免税事業者からの仕入税額控除可 | 帳簿及び適格請求書等の保存が要件<br>※免税事業者からの仕入税額控除不可<br>　ただし、以下の特例あり<br>令和５年10月〜令和８年９月<br>80％控除可<br>令和８年10月〜令和11年９月<br>50％控除可 |
| 税額の計算 | 取引総額からの「割戻し計算」による。 | 税率ごとの取引総額からの「割戻し計算」による。 | 税率ごとの取引総額からの「割戻し計算」又は適格請求書記載の消費税額を積み上げる「積上げ計算」のいずれかの方法<br>※売上税額を「積上げ計算」する場合には、仕入税額も「積上げ計算」による。<sup>(注3)</sup> |
| 売上税額の計算の特例 | | 軽減税率対象売上げのみなし計算（４年間） | |
| 仕入税額の計算の特例 | | 軽減税率対象仕入のみなし計算（１年間）<br>簡易課税制度の届出の特例（１年間） | |

※税額の計算の特例は、基準期間の課税売上高が5,000万円以下の事業者である中小事業者が、適用となる。
（注１）税込１万円未満の返品、値引き、割戻しなどの売り上げに係る対価の返還等について、返還インボイスの交付義務が免除。
（注２）基準期間における課税売上高が１億円以下又は特定期間における課税売上高が5,000万円以下である事業者が、令和５年10月１日から令和11年９月30日までの間、国内において行う課税仕入れについて、課税仕入れに係る１回の取引の支払対価の額が１万円未満である場合は、一定の事項が記載された帳簿のみの保存による仕入税額控除可。
（注３）令和５年10月１日から令和８年９月30日までの日の属する各課税期間においてインボイス制度を機に、免税事業者からインボイス発行事業者として課税事業者となった者は、納付税額を課税標準額に対する消費税額の２割とすることができる。

# 6 簡易課税制度

事業者が、その課税期間の基準期間（前々年又は前々期）における課税売上高が5,000万円以下である課税期間について、この簡易課税制度の規定を適用した場合、簡易課税制度選択適用届出書を提出した日の属する課税期間の翌課税期間以後の課税期間について、課税標準額に対する消費税額から控除すべき仕入れに係る消費税額を、みなし仕入率を乗じた金額とみなす制度。

ただし、この制度を選択した場合には、2年間は変更が認められない（消法37、消令57）。

> 仕入れに係る消費税額
> ＝（課税標準額に対する消費税額－売上返還等対価に係る消費税額）×みなし仕入率

みなし仕入率

| 事 業 の 種 類 | 平成27年3月31日までに開始する課税期間 | 平成27年4月1日以降に開始する課税期間 | 令和元年10月1日を含む課税期間以降(注) |
|---|---|---|---|
| 卸売業 | 90%（第1種） | 90%（第1種） | 同左 |
| 小売業 ※製造小売業は第3種事業 | 80%（第2種） | 80%（第2種） | 〃 |
| 農業・林業・漁業（飲食料品） | | | |
| 農業・林業・漁業（飲食料品以外）、鉱業、採石業、砂利採取業、建設業、製造業、製造小売業、電気業、ガス業、熱供給業、水道業 ※加工賃等の料金を受け取って役務を提供する事業は第4種事業 | 70%（第3種） | 70%（第3種） | 〃 |
| その他の事業　飲食店業、その他の事業 | 60%（第4種） | 60%（第4種） | 〃 |
| 　金融業及び保険業 | | 50%（第5種） | 〃 |
| サービス業等　運輸通信業、サービス業（飲食店業を除く） | 50%（第5種） | 50%（第5種） | 〃 |
| 　不動産業 | | 40%（第6種） | 〃 |

（注）令和元年10月1日以前の取引を除く。

みなし仕入率の適用の特例

| 区　　　分 | 適　　　用 | | |
|---|---|---|---|
| ２種類以上の事業を営み、特定の一事業の課税売上高が全体の75％以上を占める場合（特例計算） | 課税売上高が75％以上となる事業 | 課税売上高の全額に対して適用するみなし仕入率 | |
| | 第１種事業 | 90％ | |
| | 第２種事業 | 80％ | |
| | 第３種事業 | 70％ | |
| | 第４種事業 | 60％ | |
| | 第５種事業 | 50％ | |
| | 第６種事業 | 40％ | |
| ３種類以上の事業を営み、特定の二事業の課税売上高の合計額が全体の75％以上を占める場合（特例計算） | 課税売上高が75％以上となる二の事業 | みなし仕入率の適用関係 | |
| | 第１種事業と第２種事業 | 第１種事業 | 90％ |
| | | 第１種事業以外の事業 | 80％ |
| | 第１種事業と第３種事業 | 第１種事業 | 90％ |
| | | 第１種事業以外の事業 | 70％ |
| | 第１種事業と第４種事業 | 第１種事業 | 90％ |
| | | 第１種事業以外の事業 | 60％ |
| | 第１種事業と第５種事業 | 第１種事業 | 90％ |
| | | 第１種事業以外の事業 | 50％ |
| | 第１種事業と第６種事業 | 第１種事業 | 90％ |
| | | 第１種事業以外の事業 | 40％ |
| | 第２種事業と第３種事業 | 第２種事業 | 80％ |
| | | 第２種事業以外の事業 | 70％ |
| | 第２種事業と第４種事業 | 第２種事業 | 80％ |
| | | 第２種事業以外の事業 | 60％ |
| | 第２種事業と第５種事業 | 第２種事業 | 80％ |
| | | 第２種事業以外の事業 | 50％ |
| | 第２種事業と第６種事業 | 第２種事業 | 80％ |
| | | 第２種事業以外の事業 | 40％ |

消費税関係

簡易課税制度

| 区　　　分 | 適　　　用 | | |
|---|---|---|---|
| | 第3種事業と第4種事業 | 第3種事業 | 70% |
| | | 第3種事業以外の事業 | 60% |
| | 第3種事業と第5種事業 | 第3種事業 | 70% |
| | | 第3種事業以外の事業 | 50% |
| | 第3種事業と第6種事業 | 第3種事業 | 70% |
| | | 第3種事業以外の事業 | 40% |
| | 第4種事業と第5種事業 | 第4種事業 | 60% |
| | | 第4種事業以外の事業 | 50% |
| | 第4種事業と第6種事業 | 第4種事業 | 60% |
| | | 第4種事業以外の事業 | 40% |
| | 第5種事業と第6種事業 | 第5種事業 | 50% |
| | | 第5種事業以外の事業 | 40% |
| 上記以外（原則計算） | 区分した事業ごとの課税売上高について、それぞれのみなし仕入率を適用。 | | |

簡易課税制度の改正に係る経過措置の内容

　平成26年9月30日までに「消費税簡易課税制度選択届出書」を新たに提出した事業者は、平成27年4月1日以後に開始する課税期間であっても、届出書に記載した「適用開始課税期間」の初日から2年を経過する日までの間に開始する課税期間については、改正前のみなし仕入率が適用される。


不動産業（第6種事業）に該当する事業を営む者に係る経過措置の適用関係（例）

(1)　3月31日決算法人の適用例

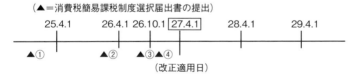
（▲＝消費税簡易課税制度選択届出書の提出）

| 「消費税簡易課税制度選択届出書」の提出年月日 | 課税期間 | | | | |
|---|---|---|---|---|---|
| | 自平25.4.1 至平26.3.31 | 自平26.4.1 至平27.3.31 | 自平27.4.1 至平28.3.31 | 自平28.4.1 至平29.3.31 | 自平29.4.1 至平30.3.31 |
| ①平25.3.31以前 | 第5種で計算 | 第5種で計算 | 第6種で計算 | 第6種で計算 | 第6種で計算 |
| ②平26.3.27 | （一般課税） | 第5種で計算 | 第5種で計算 | 第6種で計算 | 第6種で計算 |
| ③平26.9.26 | （一般課税） | （一般課税） | 第5種で計算 | 第5種で計算 | 第6種で計算 |
| ④平26.10.6 | （一般課税） | （一般課税） | 第6種で計算 | 第6種で計算 | 第6種で計算 |

(2) 個人事業者及び12月31日決算法人の適用例

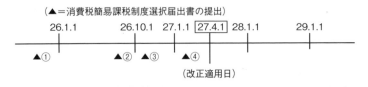

（▲＝消費税簡易課税制度選択届出書の提出）

| 「消費税簡易課税制度選択届出書」の提出年月日 | 課税期間 | | | |
|---|---|---|---|---|
| | 自平26.1.1 至平26.12.31 | 自平27.1.1 至平27.12.31 | 自平28.1.1 至平28.12.31 | 自平29.1.1 至平29.12.31 |
| ①平25.12.31以前 | 第5種で計算 | 第5種で計算 | 第6種で計算 | 第6種で計算 |
| ②平26.9.26 | （一般課税） | 第5種で計算 | 第5種で計算 | 第6種で計算 |
| ③平26.10.6 | （一般課税） | 第5種で計算 | 第6種で計算 | 第6種で計算 |
| ④平27.3.16 | （一般課税） | （一般課税） | 第6種で計算 | 第6種で計算 |

※平成26年10月1日以後に、「消費税簡易課税制度選択届出書」を新たに提出した事業者は、平成27年4月1日以後に開始する課税期間から、改正後のみなし仕入率が適用される。

（国税庁 HP 参考）

消費税関係

簡易課税制度

（参考）簡易課税制度の推移

| | 適用上限<sup>(注)</sup> | みなし仕入れ率 | |
|---|---|---|---|
| 平成元年創設時 | 5億円 | 90％（卸売）、80％（その他）の2区分 | |
| 平成3年10月1日以降に開始する課税期間 | 4億円 | 90％（卸売）、80％（小売）、70％（農業、建設、製造等）、60％（その他）の4区分 | |
| 平成9年4月1日以降に開始する課税期間 | 2億円 | 90％（卸売）、80％（小売）、70％（農業、建設、製造等）、60％（その他）、50％（サービス等）の5区分 | |
| 平成16年4月1日以降に開始する課税期間 | 5,000万円 | | |
| 平成27年4月1日以降に開始する課税期間 | | 90％（卸売）、80％（小売）、70％（農業、建設、製造等）、60％（その他）、50％（サービス等）、40％（不動産）の6区分 | |
| | | | 金融業及び保険業（第4種事業）は第5種事業（50％）、不動産業（第5種事業）は第6種事業（40％） |
| 令和元年10月1日を含む課税期間以降 | | | 農林水産業のうち消費税の軽減税率が適用される食用の農林水産業は第2種事業（80％） |

（注）適用上限とは「消費税簡易課税制度選択届出書」を提出している場合の、簡易課税制度の適用が受けられる基準期間における課税売上高の上限額。

# 7 中間申告の納付

　課税期間が３月を超える課税事業者は、課税期間の開始の日以後１月ごと（又は３月ごと若しくは６月ごと）に区分した各期間の末日の翌日から、原則として２月以内に直前の課税期間の確定消費税額（年税額）<sup>(注1)</sup>により、所轄税務署長に中間申告書を提出し、納付する（消法42）。

|  | 平成元年創設時 | 平成３年10月〜 | 平成９年４月〜 | 平成16年４月〜 | 平成26年４月〜 |
|---|---|---|---|---|---|
| 年12回<br>確定申告１回<br>中間申告11回 |  |  |  |  | 4,800万円超 |
| 年４回<br>確定申告１回<br>中間申告３回 |  | 500万円超 | 400万円超 |  | 4,800万円以下<br>400万円超 |
| 年２回<br>確定申告１回<br>中間申告１回 | 60万円超 | 500万円以下<br>60万円超 | 400万円以下<br>48万円超 |  | 400万円以下<br>48万円超 |
| 年１回<br>確定申告１回 | 60万円以下 |  | 48万円以下 |  | 48万円以下 |
|  |  |  |  |  | 中間申告を行う意思を有する事業者について、任意の中間申告（年１回）が可能<sup>(注2)</sup> |

（注１）「確定消費税額」とは中間申告対象期間の末日までに確定した消費税の年税額をいい、地方消費税は含まない。

（注２）平成26年４月１日以後開始する課税期間について、「任意の中間申告書を提出する旨の届出書」を所轄税務署長に提出した場合には、その届出書を提出した日以後にその末日が最初に到来する６月中間申告対象期間から、中間申告及び納付をすることができる。

　また、任意の中間申告制度を適用する場合であっても、仮決算を行って計算した消費税額及び地方消費税額により中間申告及び納付をすることができる。

# 8 輸出物品販売場（免税店）制度

　輸出物品販売場（免税店）を経営する事業者が、外国人旅行者などの非居住者に対して生活の用に供する物品を一定の方法で販売する場合には、消費税が免除される。

　なお、輸出物品販売場を開設しようとする事業者は、販売場ごとに、事業者の納税地を所轄する税務署長の許可を受ける必要がある（消法8）。

| | ～平成26年 9月30日 | 平成26年 10月1日～ | 平成27年 4月1日～ | 平成28年 4月1日～ | 平成28年 5月1日～ | 令和元年 7月1日～ |
|---|---|---|---|---|---|---|
| 対象物品 | 一般物品（家電、バッグ、衣料品等の消耗品以外のもの） | | | | | |
| | | | | 金又は白金の地金は対象外 | | |
| | | 消耗品（飲食料品、医薬品、化粧品等） | | | | |
| 免税対象外物品 | 事業用の機器器具や販売用として大量に購入されるような物品など事業用又は販売用であることが明らかな物品 | | | | | |
| 免税販売の対象となる販売金額(注1) 一般物品 | 1万円超 | | | | 5千円以上 | |
| 免税販売の対象となる販売金額(注1) 消耗品 | － | 5千円超50万円以下 | | | 5千円以上50万円以下 | |
| 販売形態 | 一般型輸出物品販売場 | | | | | |
| | | | | ・手続委託型輸出物品販売場（免税手続カウンター制度）(注2) | | |
| | | | | ・事前承認港湾施設内（クルーズ船寄港）における臨時輸出物品販売場(注3) | | 臨時販売場 |

（注1）同一の非居住者に対する同一店舗における一日の販売合計額（税抜）
（注2）承認免税手続事業者（免税手続カウンター）は、免税販売手続きの代理を行う複数の手続委託型輸出物品販売場を一の販売場とみなして、免税販売の対象となる下限額を判断する。
（注3）令和元年6月30日までに届け出た場合、届出に係る設置期間に限り、制度廃止前の臨時販売場として、免税販売を行うことが可能。

・平成29年４月１日～

　海外旅行者等が到着時免税店（国際空港等の到着エリア内の免税店）で購入した物品は、海外で購入した物品と合算した上で、個人的に使用すると認められる一定量・金額のものに限り、消費税等が免除される（携帯品免税制度）。

・平成29年10月１日～

　輸出酒類販売場（消費税の輸出物品販売場の許可を受けた酒類の製造場）を経営する酒類製造業者が、非居住者に対し自ら製造等した一定の酒類で輸出するために一定の方法により購入されるものを販売する場合に消費税とともに酒税が免除される（酒蔵ツーリズム免税制度）。

・令和２年４月１日～

　これまで、免税店が書面で行っていた購入記録票の作成等の手続が廃止されて、免税店においてインターネット回線等を通じて、購入者の情報や購入記録情報の電子情報を国税庁に提出することとされた。なお、令和３年９月30日までは、経過措置として、従来の書面による免税販売手続も認められていた。

・令和５年４月１日～

　輸出物品販売場において免税で購入することができる非居住者の範囲が見直された。
1. 日本国籍を有しない非居住者‥‥出入国管理及び難民認定法に規定する「短期滞在」、「外交」又は「公用」の在留資格を有する者等に限る。
2. 日本国籍を有する非居住者‥‥国内以外の地域に引き続き２年以上住所又は居所を有することについて、最後に入国した日から起算して６月前の日以後に作成された在留証明又は戸籍の附票の写しにより確認された者に限る。
（注）上記１のうち「短期滞在」の在留資格を有する者及び上記２の者であっても、国内に住所又は居所を有する者、国内にある事務所に勤務している者、入国後６か月以上経過した者等は、免税購入対象者に該当はしない。
　　　また、証明書の作成日時点で「国内以外の地域に引き続き２年以上住所又は居所を有すること」が証明書類によって確認できる必要がある。

・令和６年４月１日～

　外国人旅行者向け消費税免税制度により免税購入された物品と知っているにもかかわらず行った課税仕入れについては、仕入税額控除制度の適用を認めない。

・令和７年度税制改正（見直し）

　外国人旅行者向け免税制度の出国時に税関において免税物品の持ち出しが確認された場合に免税販売できることに変更される予定である。施行時期については、令和７年度の税制改正にて詳細が決定されることとなる。

# 1 印紙税額の課税物件表

| 番号 | 文書の種類 | 印紙税額（1通又は1冊につき） | 主な非課税文書 |
|---|---|---|---|
| 1 | 1 不動産、鉱業権、無体財産権、船舶若しくは航空機又は営業の譲渡に関する契約書<br>（例）不動産売買契約書、不動産交換契約書等<br>2 地上権又は土地の賃借権の設定又は譲渡に関する契約書<br>（例）土地賃貸借契約書等<br>3 消費貸借に関する契約書<br>（例）金銭借用証書、金銭消費貸借契約書等<br>4 運送に関する契約書<br>（例）運送契約書、貨物運送引受書等 | 記載された契約金額<br>1万円以上　　　10万円以下のもの　　　200円<br>10万円を超え　50万円以下のもの　　　400円<br>50万円を超え　100万円以下のもの　1,000円<br>100万円を超え　500万円以下のもの　2,000円<br>500万円を超え　1千万円以下のもの　10,000円<br>1千万円を超え　5千万円以下のもの　20,000円<br>5千万円を超え　1億円以下のもの　　60,000円<br>1億円を超え　　5億円以下のもの　100,000円<br>5億円を超え　10億円以下のもの　200,000円<br>10億円を超え　50億円以下のもの　400,000円<br>50億円を超えるもの　　　　　　　600,000円<br>契約金額の記載のないもの　　　　　200円<br><br>※左記1に該当する「不動産の譲渡に関する契約書」については下記のとおり印紙税額が軽減されている。 | 記載された契約金額が1万円未満のもの |

※左記1に該当する「不動産の譲渡に関する契約書」についての印紙税額軽減表：

| 契約金額 | | 不動産の譲渡に関する契約書（措法91） | |
|---|---|---|---|
| | | 平成9年4月1日～平成26年3月31日 | 平成26年4月1日～令和9年3月31日 |
| 1万円以上 | 10万円以下のもの | 軽減なし | 軽減なし |
| 10万円を超え | 50万円以下のもの | 軽減なし | 200円 |
| 50万円を超え | 100万円以下のもの | 軽減なし | 500円 |
| 100万円を超え | 500万円以下のもの | 軽減なし | 1,000円 |
| 500万円を超え | 1千万円以下のもの | 軽減なし | 5,000円 |
| 1千万円を超え | 5千万円以下のもの | 15,000円 | 10,000円 |
| 5千万円を超え | 1億円以下のもの | 45,000円 | 30,000円 |
| 1億円を超え | 5億円以下のもの | 80,000円 | 60,000円 |
| 5億円を超え | 10億円以下のもの | 180,000円 | 160,000円 |
| 10億円を超え | 50億円以下のもの | 360,000円 | 320,000円 |
| 50億円を超えるもの | | 540,000円 | 480,000円 |

| 番号 | 文書の種類 | 印紙税額（１通又は１冊につき） | 主な非課税文書 |
|---|---|---|---|
| 2 | 請負に関する契約書<br>（例）工事請負契約書、工事注文請書等 | 記載された契約金額<br>　１万円以上　　　100万円以下のもの　　　　200円<br>　100万円を超え　200万円以下のもの　　　　400円<br>　200万円を超え　300万円以下のもの　　　1,000円<br>　300万円を超え　500万円以下のもの　　　2,000円<br>　500万円を超え　１千万円以下のもの　　10,000円<br>　１千万円を超え　５千万円以下のもの　　20,000円<br>　５千万円を超え　１億円以下のもの　　　60,000円<br>　１億円を超え　　５億円以下のもの　　100,000円<br>　５億円を超え　　10億円以下のもの　　200,000円<br>　10億円を超え　　50億円以下のもの　　400,000円<br>　50億円を超えるもの　　　　　　　　　600,000円<br>　契約金額の記載のないもの　　　　　　　　200円<br><br>※左記に該当する「請負に関する契約書」のうち、建設業法第２条第１項に規定する建設工事の請負については下記のとおり印紙税額が軽減されている。 | 記載された契約金額が１万円未満のもの |

| 契約金額 | | 建設工事の請負に関する契約書（措法91） | |
|---|---|---|---|
| | | 平成9年4月1日〜平成26年3月31日 | 平成26年4月1日〜令和9年3月31日 |
| １万円以上 | 100万円以下のもの | 軽減なし | 軽減なし |
| 100万円を超え | 200万円以下のもの | 軽減なし | 200円 |
| 200万円を超え | 300万円以下のもの | 軽減なし | 500円 |
| 300万円を超え | 500万円以下のもの | 軽減なし | 1,000円 |
| 500万円を超え | １千万円以下のもの | 軽減なし | 5,000円 |
| １千万円を超え | ５千万円以下のもの | 15,000円 | 10,000円 |
| ５千万円を超え | １億円以下のもの | 45,000円 | 30,000円 |
| １億円を超え | ５億円以下のもの | 80,000円 | 60,000円 |
| ５億円を超え | 10億円以下のもの | 180,000円 | 160,000円 |
| 10億円を超え | 50億円以下のもの | 360,000円 | 320,000円 |
| 50億円を超えるもの | | 540,000円 | 480,000円 |

印紙税関係

印紙税額の課税物件表

| 番号 | 文書の種類 | 印紙税額（1通又は1冊につき） | 主な非課税文書 |
|---|---|---|---|
| 3 | 約束手形、為替手形 | 記載された手形金額<br>10万円以上　　　100万円以下のもの　　　　200円<br>100万円を超え　200万円以下のもの　　　　400円<br>200万円を超え　300万円以下のもの　　　　600円<br>300万円を超え　500万円以下のもの　　　1,000円<br>500万円を超え　1千万円以下のもの　　　2,000円<br>1千万円を超え　2千万円以下のもの　　　4,000円<br>2千万円を超え　3千万円以下のもの　　　6,000円<br>3千万円を超え　5千万円以下のもの　　10,000円<br>5千万円を超え　　1億円以下のもの　　20,000円<br>1億円を超え　　　2億円以下のもの　　40,000円<br>2億円を超え　　　3億円以下のもの　　60,000円<br>3億円を超え　　　5億円以下のもの　100,000円<br>5億円を超え　　10億円以下のもの　150,000円<br>10億円を超えるもの　　　　　　　　200,000円<br><br>①一覧払のもの、②金融機関相互間のもの、③外国通貨で金額を表示したもの、④非居住者円表示のもの、⑤円建銀行引受手形　　　　　　　　200円 | 1　記載された手形金額が10万円未満のもの<br>2　手形金額の記載のないもの<br>3　手形の複本又は謄本 |
| 4 | 株券、出資証券若しくは社債券又は投資信託、貸付信託、特定目的信託若しくは受益証券発行信託の受益証券 | 記載された券面金額<br>500万円以下のもの　　　　　　　　　　200円<br>500万円を超え1千万円以下のもの　　　1,000円<br>1千万円を超え5千万円以下のもの　　　2,000円<br>5千万円を超え　1億円以下のもの　　10,000円<br>1億円を超えるもの　　　　　　　　　20,000円<br><br>（注）株券、投資証券については、1株（1口）当たりの払込金額に株数（口数）を掛けた金額を券面金額とする。 | 1　日本銀行その他特定の法人の作成する出資証券<br>2　譲渡が禁止されている特定の受益証券<br>3　一定の要件を満たしている額面株式の株券の無効手続に伴い新たに作成する株券 |
| 5 | 合併契約書又は吸収分割契約書若しくは新設分割計画書 | 40,000円 | |
| 6 | 定款 | 40,000円 | 株式会社又は相互会社の定款のうち公証人法の規定により公証人の保存するもの以外のもの |

| 番号 | 文書の種類 | 印紙税額（1通又は1冊につき） | 主な非課税文書 |
|---|---|---|---|
| 7 | 継続的取引の基本となる契約書（注）契約期間が3ケ月以内で、かつ更新の定めのないものは除く | 4,000円 | |
| 8 | 預金証書、貯金証書 | 200円 | 信用金庫その他特定の金融機関の作成するもので記載された預入額が1万円未満のもの |
| 9 | 倉荷証券、船荷証券、複合運送証券 | 200円 | |
| 10 | 保険証券 | 200円 | |
| 11 | 信用状 | 200円 | |
| 12 | 信託行為に関する契約書 | 200円 | |
| 13 | 債務の保証に関する契約書 | 200円 | 身元保証ニ関スル法律に定める身元保証に関する契約書 |
| 14 | 金銭又は有価証券の寄託に関する契約書 | 200円 | |
| 15 | 債権譲渡又は債務引受けに関する契約書 | 記載された契約金額　1万円以上のもの　200円<br>契約金額の記載のないもの　200円 | 記載された契約金額が1万円未満のもの |
| 16 | 配当金領収証、配当金振込通知書 | 記載された配当金額　3千円以上のもの　200円<br>配当金額の記載のないもの　200円 | 記載された配当金額が3千円未満のもの |

| 番号 | 文書の種類 | 印紙税額（1通又は1冊につき） | | 主な非課税文書 |
|---|---|---|---|---|
| 17 | 1　売上代金に係る金銭又は有価証券の受取書 | 記載された受取金額<br>100万円以下のもの<br>100万円を超え　200万円以下のもの<br>200万円を超え　300万円以下のもの<br>300万円を超え　500万円以下のもの<br>500万円を超え　1千万円以下のもの<br>1千万円を超え　2千万円以下のもの<br>2千万円を超え　3千万円以下のもの<br>3千万円を超え　5千万円以下のもの<br>5千万円を超え　　1億円以下のもの<br>1億円を超え　　2億円以下のもの<br>2億円を超え　　3億円以下のもの<br>3億円を超え　　5億円以下のもの<br>5億円を超え　10億円以下のもの<br>10億円を超えるもの<br>受取金額の記載のないもの | 　<br>200円<br>400円<br>600円<br>1,000円<br>2,000円<br>4,000円<br>6,000円<br>10,000円<br>20,000円<br>40,000円<br>60,000円<br>100,000円<br>150,000円<br>200,000円<br>200円 | 次の受取書は非課税<br>1　記載された受取金額が5万円未満のもの（※）<br>2　営業に関しないもの<br>3　有価証券、預貯金証書など特定の文書に追記した受取書<br>※平成26年3月31日までに作成されたものについては、記載された受取金額が3万円未満のものが非課税 |
| | 2　売上代金以外の金銭又は有価証券の受取書 | | 200円 | |
| 18 | 預金通帳、貯金通帳、信託通帳、掛金通帳、保険料通帳 | 1年ごとに | 200円 | 1　信用金庫など特定の金融機関の作成する預貯金通帳<br>2　所得税が非課税となる普通預金通帳など<br>3　納税準備預金通帳 |
| 19 | 消費貸借通帳、請負通帳、有価証券の預り通帳、金銭の受取通帳などの通帳<br>（注）18に該当する通帳を除く | 1年ごとに | 400円 | |
| 20 | 判取帳 | 1年ごとに | 4,000円 | |

（印法別表第1　課税物件表）

印紙税額の課税物件表

137

【執筆者紹介】

## 野川　悟志（ノガワ・サトシ）

国税庁　課税部　法人課税課　プロジェクトチームチーフ
国税庁　課税部　課税総括課　調査係長
東京国税局　課税第二部　資料調査第二課　主査
東京国税局　課税第二部　法人課税課　実務指導専門官などを歴任
2011年退官、東京都品川区で税理士登録

## 互井　敏勝（タガイ・トシカツ）

東京国税局　総務部　税務相談室
国税庁　長官官房　会計課
東京国税不服審判所　審判部　国税審査官などを歴任
2009年退官、東京都中央区で税理士登録
2015年ファイナンシャルプランナー登録（AFP）

## 手嶋　浩明（テシマ・ヒロアキ）

東京国税不服審判所　審判部　国税審査官
東京国税局　査察部　査察審理課
東京国税局管内税務署　法人課税部門などを歴任
2019年退官、東京都中央区で税理士登録
互井敏勝税理士事務所に勤務

## 山宅　孝道（ヤマケ・タカミチ）

東京国税局管内税務署　資産課税部門
上席国税調査官などを歴任
2013年退官、埼玉県さいたま市で税理士登録

## 山端　美徳（ヤマハタ・ヨシノリ）

国税庁　長官官房　事務管理課
東京国税局　課税第二部　調査部門（間接諸税担当）
東京国税局　課税第二部　消費税課　諸税係長などを歴任
2008年退官、神奈川県相模原市で税理士登録
2010年ファイナンシャルプランナー登録（AFP）、行政書士登録

**令和6年版 税制改正経過一覧ハンドブック**

令和6年5月27日　初版印刷
令和6年6月12日　初版発行

| | |
|---|---|
| | 野　川　悟　志 |
| | 互　井　敏　勝 |
| 著　者 | 手　嶋　浩　明 |
| | 山　宅　孝　道 |
| | 山　端　美　徳 |

不　許
複　製

発行者　(一財) 大蔵財務協会 理事長　木　村　幸　俊

発行所　一般財団法人　大 蔵 財 務 協 会

〔郵便番号　130-8585〕
東京都墨田区東駒形1丁目14番1号
(販　売　部) TEL03(3829)4141・FAX03(3829)4001
(出版編集部) TEL03(3829)4142・FAX03(3829)4005
http://www.zaikyo.or.jp

乱丁・落丁の場合は、お取替えいたします。　　　　印刷　奥村印刷㈱
ISBN978-4-7547-3237-0

# MEMO